Bernd Goltings

Verkehrsgeschichte der Halbinsel Fischland - Darß - Zingst

Band II

Umwege durch Dünensand

Darß Verlag

1. Auflage 2008

ISBN 978-3-9810791-1-1

Vertrieb: Darß Verlag
Langestraße 70a
18375 Prerow
Telefon und Fax 038233/69191
www.darß-verlag.de

Satz & Layout: Hagen Hansen, Ahrenshoop, www.hagenhansen.de
Druck: Stadtdruckerei Weidner, Rostock

Titelbild: An der alten Bergschmiede in Prerow
Rücktitel: Eisenbahnkraftwagenverkehr Prerow-Born um 1930
mit 164 Abbildungen

Inhaltsverzeichnis Seite

Ein Wort zuvor

„Der Weg ist das Ziel“ – dieses Zitat passt auf dieses Buch in mehrfacher Hinsicht. Wenn Bernd Goltings in seinem zweiten Band auch wieder von „Umwegen durch Dünensand“ spricht, meint er trotzdem die „Wege“ und den Weg zu den Wegen.

Dass Mecklenburg-Vorpommern ein Land mit sehr weiten Wegen bei einer sehr geringen Bevölkerungsdichte ist, beweisen die Statistiken bis heute. Gerade deshalb sind aber die guten Wege für die Menschen so wichtig, weil viele Ämter, Ärzte, Dienstleister, Schulen oder Kulturstätten oft vom Wohnort weit entfernt liegen.

Dass der Weg zu guten Wegen oft lang ist, beweisen viele Einzelfälle der Entwicklung des Straßenwesens. Besonders schwer haben es da Regionen in Randlagen, die abseits der Verbindungen zwischen größeren Städten liegen. Extrem schwer haben es allerdings dann Regionen, die sich wie Fischland-Darß-Zingst auf einer Halbinsel befinden, und die in vergangenen Jahrhunderten bei Sturm und Regen durch Überflutung des schmalen Festlandzugangs auch mitunter den Charakter einer Insel bekommen konnten.

Die Halbinsel Fischland-Darß-Zingst ist so ein Fall, sie lag sehr abseits der notwendigen Verkehrsverbindungen. Wenn die Inselbewohner „auf's Amt“ in das mecklenburgische Ribnitz oder das vorpommersche Barth mussten, war schon ein ganzer Tag einzuplanen. Das störte zwar die Bewohner erheblich, aber es störte nicht das „Amt“. Es gab keinen politischen oder wirtschaftlichen Druck von außen, daran etwas zu ändern. Der Wille zu schnelleren und besseren Wegen kam ausschließlich von der Halbinsel selbst. Die Bewohnerinnen und Bewohner wollten besonders nach dem Aufkommen des Fremdenverkehrs am Ende des 19. Jahrhunderts als wichtige neue Einnahmequelle ihren zahlungskräftigen Kunden eine möglichst bequeme An- und Abreise sichern. Und es sollten möglichst viele Gäste kommen. Wenn diese Gäste dann nach ihrem Ferienaufenthalt von den schlechten Wegen erzählten, war das eine miserable Werbung. Doch die Insellobby galt weiterhin in den Amtsstuben von Mecklenburg-Schwerin und Vorpommern nicht allzu viel. Es musste sehr beharrlich an diesem Thema gearbeitet werden, und die Rückschläge waren so zahlreich wie die Schlag- und Schlammlöcher auf dem ausgefahrenen schlechten Weg.

Bernd Goltings hat sich in den letzten Jahren zu einem ausgewiesenen Kenner dieser Geschichte und Geschichten entwickelt, der mit der gleichen Beharrlichkeit wie seine Inselvorfahren nun die verborgensten Quellen der Verkehrsadern ans Licht befördert. Längst ist er in allen einschlägigen Büchern zum Wegebau in Mecklenburg-Vorpommern vertreten. In seinem zweiten Band der „Umwege" stehen wieder Heiteres und Nachdenkliches nebeneinander. Zufällig entstehende Ähnlichkeiten mit der Gegenwart hat er gern in seine Beiträge aufgenommen. Besonders die leidige Frage des Geldes für den Wegebau scheint irgendwie die Zeiten weit über 100 Jahre überdauert zu haben.

Doch die Recherchen haben nicht bei der mehr oder weniger guten Befestigung der Wege als technischer Frage Halt gemacht. In die Geschichten wurden auch die Nutzer der Wege einbezogen mit ihren Leiden, Wünschen, Unfällen oder als Zeitzeugen. Manchmal treten sie uns auch in Bildern direkt vor die Augen.

Der Weg blieb das Ziel – auch im unwegsamen Gelände des Dünensandes.

Dr. Wolf Karge, Historiker und Autor, Ehrenvorsitzender des Landesmuseumsverbandes Mecklenburg-Vorpommern e.V.

Schwerin, im Frühjahr 2008

Die erste Chaussee von Rostock nach Stralsund

Bis Ende des 19. Jahrhunderts gab es auf Fischland, Darß und Zingst nur unbefestigte Wege, die entweder aus feinem Dünensand oder aufgeweichtem Wald- und Wiesenboden bestanden. Im Sommer waren die Wege voller Staub, im Winter breit und ausgefahren. Ständig spritzte Matsch unter den hölzernen Rädern der Fuhrwerke hervor, während diese sich bei jeder Drehung tiefer in den Schlamm eingruben. Wenn ein umgestürzter Baum den Weg blockierte oder Wasserlöcher gewaltigen Ausmaßes die Weiterfahrt unmöglich machten, waren die Reisenden nicht selten zur Umkehr gezwungen. Lange Umwege waren keine Seltenheit. Setzte dann auch noch die Dunkelheit ein, war eine Fahrt entlang des Strandes oft die letzte Möglichkeit, sein Ziel wohlbehalten und sicher zu erreichen. Der weiße Dünensand bot nicht nur Pferd und Wagen festen Untergrund, er konnte auch dem Kutscher bei der Orientierung sehr dienlich sein.

Der Landweg über die Ribnitzer Stadtwiesen war bis zur Fertigstellung der Meiningenbrücke 1910 die einzige Verbindung zum Festland. Er lag nur wenige Zentimeter über dem Meeresspiegel und schon einfache Regenfälle reichten aus, um weite Strecken unpassierbar zu machen. Bei jedem Hochwasser stand das Gebiet großflächig unter Wasser. Um nicht vollständig im Untergrund zu versinken, mussten sich die Pferdewagen zügig und ohne Unterbrechung fortbewegen. Doch auch ein solches Unternehmen konnte schnell zum Abenteuer werden. Wenn das Fuhrwerk ins Rutschen kam, endete die Fahrt nicht selten mit einem ungewollten Bad in einem kalten Wasserloch. Wurde ein Durchkommen völlig unmöglich, unterbrach die Verbindung für mehrere Tage, und das Festland war nur noch mit dem Boot zu erreichen.

Für die Bewohner war der Ausbau des Straßennetzes lebensnotwendig; ihre Regierungen hingegen maßen dieser Region keine strategische Bedeutung bei. Während die Bevölkerung unter der Abgeschiedenheit schwer zu leiden hatte, stritten sich die Verwaltungen von Pommern und Mecklenburg wechselseitig um ihre Zuständigkeiten auf der politisch geteilten Halbinsel.

Auf dem gegenüberliegenden Festland schritt die Entwicklung der Verkehrswege deutlich schneller voran. Bereits in den Dreißiger Jahren des 19. Jahrhunderts führte man in Mecklenburg Gespräche über einen Straßenbau von Rostock nach Ribnitz. Die geplante Kunststraße, wie die neuen Steinschlagchausseen damals genannt wurden, sollte einen kurzen und direkten Verlauf erhalten. Folglich ließ man die bestehenden Landwege im Norden und Süden außer Acht und die beteiligten Behörden einigten sich auf einen Ausbau der Verbindung von Rostock über Bentwisch, Rövershagen bis zum Pass an der Ribnitzer Recknitzgrenze. 1843 wurde dieses knapp 30 Kilometer lange Teilstück der Wismar-Ribnitzer Chaussee fertig gestellt. Nach einigen Jahren Anlaufzeit führte Preußen ab 1847 die 40 Kilometer lange Strecke in Anbindung vom Damgartener Pass aus über Löbnitz bis nach Stralsund weiter. Das „Handbuch für Neu-Vorpommern und das Fürstenthum Rügen" führt letztere unter Punkt 8 aller zur damaligen Zeit erbauten Chausseen auf: *„Die 1847/50 mit den Chausseegeld-Hebestellen Langendorf, Carnin und Behrenshagen von Stralsund nach Damgarten bis zur Mecklenburg-Schwerinschen Grenze erbaute Chaussee ist 40,27 km lang."*

(Handbuch für Neu-Vorpommern und das Fürstenthum Rügen 1883)

Zur selben Zeit, zwischen 1848-51, entstand mit knapp acht Kilometern Länge die Zweigchaussee von Löbnitz über den Wobbelkower Berg nach Barth.

Die 1843 erbaute Chaussee Rostock-Ribnitz führte direkt am Ribnitzer Markt entlang.

Rostocker Tor in Ribnitz.

Chaussee Damgarten-Stralsund bei Heidberg um 1910.

Aus der Geschichte des Darßwaldes

In den zurückliegenden Jahrhunderten betrieben unterschiedliche Besatzer, darunter auch Dänen, Schweden und Franzosen, im Darßer Wald rücksichtslos Holzeinschlag. Sie nutzten die günstige Lage des direkt an die Ostseeküste grenzenden Waldgebietes und verschifften die mächtigen Baumstämme nicht nur von Prerow, Wieck und Born aus, sondern auch unmittelbar von der Westküste. Dadurch entstanden die ersten Wege überhaupt auf dem Neudarß. Sie folgten dem Verlauf alter Dünen in Ost-Westrichtung und dienten in erster Linie der Holzabfuhr. Andere Wege verliefen direkt zu einem der Nachbarorte oder auch diagonal durch den Wald. Über die Jahrhunderte erhielt sich ein Teil der alten Darßer Verbindungen, deren Namen noch heute teilweise geläufig sind. Zu diesen zählen *Prerow - Ibenhorster Weg*, *Born - Ibenhorster Weg*, *Bliesenrader Weg* und *Wiecker Postweg*. Vor der Fertigstellung des Leuchtturmes 1848 wurde die von Prerow ausgehende Verbindung dorthin auch als *Dünenweg* oder *Darßerortweg* bezeichnet. Dessen Verlauf passte sich, wie der aller anderen Wege damals auch, im Wesentlichen den natürlichen Verhältnissen, wie etwa dem Verlauf einer Düne, an.

Zwischen den Darßer Gemeinden und in Richtung Mecklenburg herrschte reger Verkehr. Fuhrwerke der später eingerichteten Königlich-Preußischen Forst transportierten schwere Frachten. Fischer, Bauern, sonstige Händler und Postboten belieferten die Nachbarorte auf kürzester Strecke.

Historischer Wegweiser und Jagenstein im Darßwald um 1890.

Markanter Jagenstein auf der Kreuzung Großer Stern.

Historischer Hauptweg der Halbinsel Darß war der landschaftlich äußerst reizvolle *Mecklenburger Weg*. Bei den markanten Dünenzügen am Ende der Prerower Dorfstraße begann der Darßer Wald und mit ihm auch der in südwestliche Richtung führende *Prerow-Ibenhorster Weg*, der kurz darauf in den *Mecklenburger Weg* einbog. Die alte Steilküste, auf deren Anhöhe er weitgehend verlief, war vor über 4.000 Jahren die natürliche Grenze zwischen Land und Meer und trennt noch heute sichtbar die zwei geologischen Hauptteile Alt- und Neudarß voneinander. In den Rehbergen, einer reizvollen Dünenlandschaft, erreichte der *Mecklenburger Weg* den Weststrand. Von dort folgte er der Küste über den Vordarß und durch Ahrenshoop ins benachbarte Mecklenburg. Die Ahrenshooper Bewohner gehörten dem Prerower Kirchspiel an und nannten ihn schlicht Kirchweg. Diese Bezeichnung übernahmen auch die schwedischen Besatzer. In ihrer Matrikelkarte von Vorpommern aus dem Jahr 1695 findet er als „Ahrenshöffts Kiörkie Wäg“ Erwähnung. Der Hauptmann August von Wehrs, welcher das älteste Buch über die Region verfasst hat, beschrieb ihn 1819 folgendermaßen:

„Von Arendshop kann man auf verschiedenen Wegen nach Born gelangen, wovon aber nur einer immer befahren werden kann, nämlich der meklenburger, von welchem man sich dann im Holze rechts auf den Linderweg wendet, und so in zwei guten Stunden Born erreicht.“ (August von Wehrs: „Der Darß und der Zingst“, Nachdruck 2006 S. 61 ff)

Die Königliche Forstverwaltung mit Sitz in Born hatte stets dafür Sorge zu tragen, dass sich die durch den Wald führenden öffentlichen Wege in einem brauchbaren Zustand befanden. Ein in der Waldgegend aus Erde, Ästen und

Strauchwerk aufgeworfener Weg nannte sich Spekken Damm oder einfach nur Speck. Ein solch unwegsames Gebiet war früher die Rosenspeck zwischen Born und Ahrenshoop. Umgangssprachlich wurden diese Wege deshalb auch als Knüppeldämme bezeichnet. Die größte und wichtigste Waldkreuzung war und ist *Großer Stern*. Hier trafen die bedeutendsten Verkehrswege von Prerow, Bliesenrade, Wieck, Born, der Försterei Ibenhorst und Ahrenshoop aufeinander. Hinzu kamen noch *Kleiner Stern* und *Großmutter* in der Nähe von Born, *Drei Eichen* bei Ahrenshoop und *Peters Kreuz* westlich von Wieck. Diese Verkehrspunkte waren den damaligen Darßern bestens bekannt, wobei gerade letzterer jeden Abergläubischen in Angst und Schrecken versetzen konnte. Allein bei dem Gedanken an Peters Kreuz durchfuhr es in der Nacht so manchen einsamen Kutscher und er nahm während der Geisterstunde lieber einen Umweg in Kauf. Unter schwedischer Besatzung entstanden im Darßwald erstmalig die der Forstwirtschaft äußerst nützlichen Abteilungen. Sie waren rechteckig und grenzten sich durch Waldwege voneinander ab.

1815 endete die schwedische Herrschaft. Vorpommern, und somit auch Darß und Zingst, wurde Preußen zugeteilt. Im Wald begann eine umfassende Aufforstung, dessen Ziel die Wiedererstellung eines geschlossenen Waldgebietes war. Dabei fand eine allmähliche, unter erheblichem Aufwand durchgeführte Neugestaltung der Abteilungen statt. Ihre Abmessungen betrugen ca. 380 mal 760 Meter, was einer Fläche von ungefähr 29 Hektar entsprach. In jeder Südostecke einer solchen Abteilung, die auch Jagen genannt wurden, stellten die Preußen einen Stein auf. Allmählich entstand ein streng geometrisches Wegenetz, alphabetisch nach großen und kleinen Buchstaben geordnet. Die neuen Wege verliefen schnurgerade durch den Wald, nannten sich *Gestelle* und dienten zum großen Teil auch dem öffentlichen Verkehr. Auf dem Neudarß wurden auch weiterhin noch zahlreiche Holzabfuhrwege genutzt, da viele Erlenbrüche trotz neu aufgeschütteter Gestelle sehr schlecht zu befahren waren. Vorbildliche Pionierarbeit bei der Aufforstung des Darßwaldes leistete Ferdinand von Raesfeld. Als er im Januar 1891 sein Amt in der Borner Oberförsterei antrat, bestand das Waldgebiet zu einem Drittel aus Kahlfläche. Der neue Forstmeister führte sein Amt weitgehend in Selbstverwaltung und das mit einer für die Darßer bis dahin ungewohnt strengen Hand. Da er ein besonnener Weidmann war, trat er konsequent für den Schutz seiner Wildbestände ein und drängte die Bevölkerung mit zahlreichen Verboten aus dem Wald. Als gleichzeitiger Vorsteher des Amtsbezirkes Darß erließ Ferdinand von Raesfeld am 30.05.1892 eine auf der Halbinsel äußerst umstrittene Polizeiverordnung, die in großen Teilen nach dem Belieben des Forstmeisters ausgeführt wurde. Sie hatte eine radikale Neuordnung der öffentlichen Verbindungswege zur Folge. Weil der *Mecklenburger Weg* unmittelbar an der Großen Buchhorster Maase, einem bedeutsamen Einstandsgebiet des Rotwildes, entlangführte, wurde er zwischen dem *g-* und *k-* Gestell gesperrt. Auch dem von seinem langjährigen Vorgänger Oberförster Schmidt erst wenige Jahre zuvor angelegten 10,3 Kilometer langen *Nordweg*, der diese Waldlichtung unmittelbar durchschnitt, wurde die öffentliche Nutzung strengstens untersagt.

Bei der einheimischen Bevölkerung stießen diese Maßnahmen auf großes Unverständnis. Viele Darßer sahen in der Veränderung ihrer bisherigen Gewohnheiten den Verlust ihrer persönlichen Freiheit. Die Forstverwaltung handelte entschlossen und setzte ihre Verbote konsequent durch. Bei Missachtung einer Vorschrift folgte eine Anzeige oder die Zahlung eines empfindlichen Bußgeldes. Bei Wiederholungen oder schweren Verstößen kam es zu Gerichtsverhandlungen, in deren Folge sogar Haftstrafen verhängt wurden. Weil der Forstmeister die Bedeutung des Mecklenburger Weges kannte, sah er sich zur Schaffung einer Alternative verpflichtet. Einige Abteilungen weiter südlich des historischen Weges ließ er eine parallel verlaufende Verbindung aushauen, die von Ahrenshoop über *Drei Eichen* zu *Peters Kreuz* verlief. Diesen neuen Hauptweg nannte Ferdinand von Raesfeld *Küsterweg*. Eine Wertschätzung gegenüber seinem Stralsunder Vorgesetzten, dem Oberforstmeister Adolf Küster. Ein zweiter Weg bog von *Drei Eichen* nach Born ab. Auf ihm verläuft die heutige Chaussee. Anfang 1901 begannen die

Ferdinand von Raesfeld.

Arbeiten an der Straße von Ahrenshoop aus in Richtung Darß; eine bauliche Aktivität, die in der lokalen Presse lobende Erwähnung fand: *„In dieser Zeit, wo der Verkehr mit dem Festlande wegen mangelhafter Communication besonders hart zu leiden hat, ist es um so erfreulicher, zu erfahren, daß hier von unserem Orte ab der Bau einer neuen Chaussee bereits begonnen hat, welche von hier zu den Ortschaften des Darßes führt. In schnurgerader Richtung zieht sie sich durch die kgl. Forst nach Wieck und Born."* (Barther Tageblatt Nr. 28; 02.02.1901) Sämtliche Arbeiten, auch entlang der Ahrenshooper Kuhweide auf dem Vordarß, übernahm die Oberförsterei. Eine solche Baumaßnahme vollzog sich damals in stets gleicher Art und Weise: Über den losen Flugsand, der mittels einer Feldbahn vom Strand angefahren wurde, trug man anschließend eine Lehmschicht auf. Den vorherrschenden Witterungsbedingungen entsprach diese Art Wegebau nicht. Somit war die Haltbarkeit einer solchen Lehmkieschaussee meistens nur bis auf das Einsetzen des nächsten Dauerregens oder einer Überschwemmung begrenzt. Zum Jahresbeginn 1904 waren alle Arbeiten abgeschlossen.

Das noch wenige Jahre zuvor so umfangreiche Wegenetz reichte nun gerade noch dazu aus, den notwendigsten Verkehr zwischen den Darßer Ortschaften Prerow, Wieck, Bliesenrade, Born und Ahrenshoop aufrecht zu erhalten. Die meisten anderen Wege dienten lediglich der Holzabfuhr und waren mit zahlreichen Verbotstafeln gekennzeichnet. Altbekannte Wege blieben zwar erhalten, verloren jedoch zunehmend an Bedeutung. Obwohl viele Darßer für ihre Vergehen mehr oder minder hart bestraft wurden, gaben sie sich nicht geschlagen. Sie hielten an ihren Gewohnheiten fest und fuhren auch weiterhin auf den vertrauten Wegen.

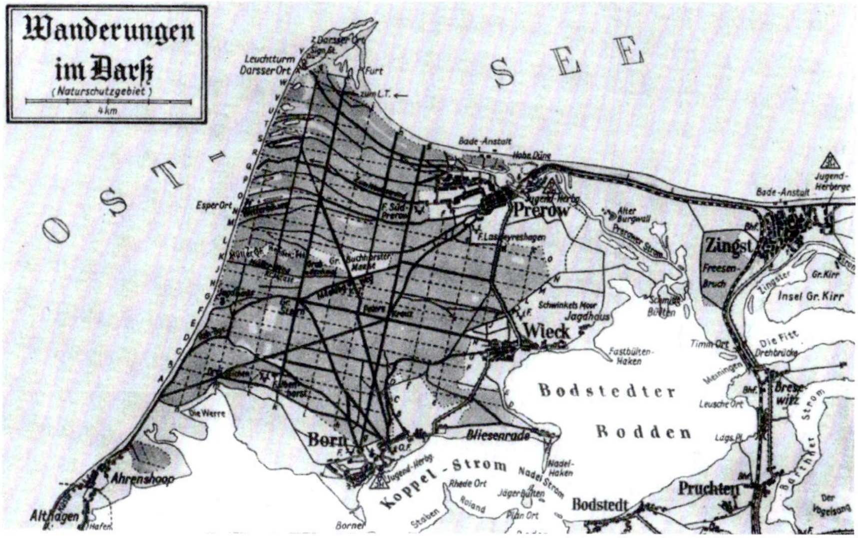

Der Darßer Wald ist aufgeteilt in Jagen, deren Wegkreuzungen mit Steinen gekennzeichnet sind: A-Z von Süd nach Nord mit großen Buchstaben, c-n von Ost nach West mit kleinen Buchstaben.

Jagenstein und Wegweiser um 1930.

Langseer Weg.

Ibenhorster Weg.

Von Prerow nach Ahrenshoop.

Der breite und ausgefahrene Waldweg zum Darßer-Ort.

Ortseingang Born aus Richtung Ahrenshoop vor dem Restaurant „Waldschenke“.

Stemsenweg am westlichen Ortsrand von Prerow.

Der Leuchtturm Darßer Ort. Vor dem Bau des Seezeichens hieß seine Zufahrt Dünenweg und Darßerort-Weg.

Von Barth nach Zingst - Die Reichsstraße 195

Ob zu Fuß oder mit der Kutsche, die Benutzung des Landweges von der Stadt Barth zur Halbinsel Zingst war in der kalten Jahreszeit stets ein zweifelhaftes Vergnügen. In regelmäßigen Abständen traten die angrenzenden Gewässer über die Ufer, was für die Reisenden nicht selten ungemütliche Überraschungen bereithielt. Vor allem in der großen Riege zwischen Pruchten und Bresewitz, genannt *Klör*, verwandelte das Boddenwasser die umliegenden Wiesen in eine geschlossene Seenlandschaft. Das machte jegliches Durchfahren nur noch in besonderen Ausnahmefällen unter schwierigsten Bedingungen möglich.

Die etwa 12 Kilometer lange Landverbindung zum Zingst kam aber nicht nur wegen des schlechten Weges, sondern durch den eingestellten Fährbetrieb am Meiningenstrom bei Bresewitz oftmals über mehrere Tage vollständig zum Erliegen. Dem bedauernswerten Reisenden bot der Bresewitzer Dorfkrug die Möglichkeit zur nächtlichen Einkehr, und wenn der Fährmann am nächsten Morgen nach der Anfrage zur Überfahrt wieder abwinkte, kam nicht selten eine weitere Nacht hinzu. Es verwundert also kaum, dass die Fahrt auf dem beschwerlichen Weg bis zur Fähre und das dortige Übersetzen in einem Bericht von 1879 den Titel „Eine Reise von Barth nach Zingst" trägt: *„Das Fuhrwerk war ein Leiterwagen mit Strohsäcken als Sitzgelegenheit darauf, alles weniger als bequem... Bis zur Barthe war der Weg gut. Aber als wir über die Brücke kamen und rechts ab auf Pruchten zufuhren, gab es eigentlich keinen Fahrweg. Alles war blank und der Weg glich eher einem Bach. Es war auch noch viel Eis in dem Wege, so daß wir nur langsam vorankamen. Mit einem Male lagen beide Pferde bis ziemlich unterm Bauch im Wasser, und wir hatten nasse Füße auf dem Wagen bekommen... Die Pferde schafften es aber und kriegten uns aus dem Loch heraus und so schaukelten wir denn durch Pruchten auf Bresewitz zu."* (H. Borgwardt: „Eine Reise von Barth nach Zingst"; Unsere Heimat Nr. 4, vom 8.08.1934)

Der Darßer Oberförster Ernst Schmidt bemühte sich um einen Festlandanschluß von Bliesenrade nach Fulendorf.

Seit 1863 reichten die Bewohner der Halbinsel Zingst in regelmäßigen Abständen immer wieder Petitionen ein, in denen sie mit begründeten Argumenten einen Ausbau des Verbindungsweges rechtfertigten. In den Erörterungen an das Königliche Landratsamt in Franzburg beschrieben sie die Notlage der vom Festland fast völlig abgeschnittenen Bevölkerung und baten um Beseitigung dieser Missstände. Obwohl 1874 die Dringlichkeit eines Weges seitens des Kreistages anerkannt wurde und im März 1879, nach einer Meinungsverschiedenheit der Abgeordneten über den Wegverlauf, endlich 600 Mark für die Vorarbeiten am Kreisweg bewilligt wurden, stimmte der Kreistag keinem der Anträge zu. Am 30.01.1881 legten die Zingster noch einmal eine ausführliche Bittschrift vor, und hatten damit, nach nunmehr 20 Jahren, unerwartet Erfolg. Das plötzlich doch Bewegung in die Sache kam, war aber einer anderen Tatsache geschuldet: Zur gleichen Zeit ersehnte sich nämlich auch die Darßer Bevölkerung eine zuverlässige Anbindung an das pommersche Festland. Im Gegensatz zu ihren Zingster Nachbarn, die sich für eine Verbindung über Bresewitz aussprachen, erschien ihnen eine direkte Verbindung von ihrer Halbinsel aus wesentlich zweckmäßiger. Zwei Wochen nach ihren Nachbarn verabschiedeten die Darßgemeinden in Born die „Petition zur Herstellung einer festen und sicheren Verbindung von Bliesenrade nach Fuhlendorf". Dabei stützten sich die Unterzeichner auf die vom Darßer Oberförster Schmidt sehr präzise durchgeführten Untersuchungen und Vermessungen des dort befindlichen Geländes.

Das geplante Vorhaben umfasste den Bau von zwei Dämmen. Der erste sollte von der zwischen Fuhlendorf und Bodstedt befindlichen Landzunge aus bis auf den Jägerbülten, einer kleinen Insel im dortigen Bodden, führen. Dabei wäre ein bis zu 1,50 Meter über Normalwasser liegender und etwa 10 Meter breiter Erdwall entstanden. Ein gleicher Damm hätte dabei von Bliesenrade aus bis an das Ende des Nadelhakens geführt. Für den entstandenen Zwischenraum, den etwa 350 Meter breiten Nadelstrom, planten sie den Bau einer Kettenfähre.

Bei den Verhandlungen über den Wegeverlauf seitens des Kreistages wurden beide Varianten gleichermaßen berücksichtigt. Doch den Dammbau zwischen Fuhlendorf und dem Jägerbülten sowie auf Bliesenrade erachteten die Beteiligten als zu aufwendig. Sie lehnten dieses Projekt ab und beschlossen: Die Chaussee von Barth nach Zingst erhält am Meiningenstrom eine Kettenfähre. Zusätzlich wird noch eine zweite Straße nach Fuhlendorf zur dortigen Fährstelle gebaut. Mit diesem Kompromiss sah man die Darßer Interessen als ausreichend berücksichtigt an. Als die Stadt Barth 1882 schließlich 10.000 Mark für die Kreisdämme bewilligte, stand deren Ausführung nichts mehr im Weg. Noch im November des gleichen Jahres begannen die Bauarbeiten. Die als Reichsstraße 195 bezeichnete Chaussee verlief über die Barthe-Holzbrücke über Bodstedt und Fuhlendorf. In Barth-Planitz erhielt sie einen Abzweig zur Fähre nach Bresewitz. Von der gegenüberliegenden Seite, *Timmort* genannt, führte sie einige hundert Meter geradeaus nach Norden in Richtung Freesenbruch weiter und bog dann nach Osten in die Ortschaft Zingst ab. Ihre Hauptfahrbahn war ein 3,50 Meter breiter Steindamm aus runden und geschlagenen Feldsteinen. Unmittelbar daneben entstand aus Lehm- und Kiesgemisch ein 2,50 Meter breiter Sommerweg.

Weil die Klör zur damaligen Zeit noch ein Flussbett besaß, musste dort zusätzlich eine hölzerne Brücke errichtet werden. Nur wenige Jahre später, im November 1890, stürzte sie infolge Hochwassers ein. Danach wurde auch hier ein Damm geschüttet und mit der Chaussee überbaut. Entlang beider Strecken wurden abschließend Alleebäume angepflanzt.

Der Abschnitt Barth-Zingst war insgesamt 11,5 Kilometer lang. Mit dem gepflasterten Abschnitt Zingst-Timmort erhielt die Halbinsel Fischland-Darß-Zingst ihre erste befestigte Landstraße. Für die östliche Halbinsel und auch für Prerow war dies ein überaus vorteilhaftes Projekt. Denn neben der Chaussee stellte vor allem die Kettenfähre zwischen Bresewitz und Timmort eine erhebliche Verkehrsverbesserung dar.

Motive

zu Proposition 4 der Tagesordnung für den Kreistag am 27. März 1888.

Nachdem mit dem Bauunternehmer Abrechnung gehalten war über die seitens des Kreises für Herstellungen der Dammstraße von Barth nach Zingst und Bodstedt, der Zwischenstrecke in Bodstedt und der Dammstraße von Bodstedt nach Fuhlendorfer Schiffsbaustelle und gemäß Beschlusses des Kreis-Ausschusses vom 28. Juni 1887 die Restzahlung nach der vom Kreis-Ausschusse fest gestellten Abrechnung und die Rückgabe der Caution an den Bauunternehmer geschehen war — was nach dem vereinbarten Vertrage nicht aufgeschoben sein konnte —, ist mittelst Schreibens vom 23. Juli 1887 die Abrechnung bezüglich der von der Provinz zu zahlenden Beihülfe dem Landes-Direktor vorgestellt worden, wonach:

		von der Provinz gezahlt ist:	noch zu zahlen ist von der Provinz:
1.	für Dammbau Barth—Bodstedt—Zingst .	85500 Mk.	12477 Mk. 12 Pf.
2.	„ „ in Bodstedt (Zwischenstrecke) .	—	866 „ 67 „
3.	„ „ Bodstedt-Fuhlendorfer Schiffsbaustelle	—	4000 „ — „
		Summa	17343 Mk. 79 Pf.

Am 20. September 1887 hat eine Revision der Dammstraßen durch den Landesbaurath stattgefunden.

Dammtor in Barth um 1900.

Ortsdurchfahrt Pruchten um 1920.

Reichsstraße 195 zwischen Zingst und Bresewitz.

Personenfuhrwerk der Post auf der Rückfahrt von Timmort nach Zingst.

Ankunft eines Automobils in Prerow

Im ansonsten eher ruhig und beschaulichen Ostseebad Prerow sorgte eine nicht alltägliche Begebenheit im Frühjahr 1908 für eine kleine Sensation. Das Erscheinen eines Automobils löste unter den eilig herbeiströmenden Einheimischen helle Begeisterung aus: *„Ein Ereignis kann man es fast nennen, daß gestern ein wirkliches Auto unsern Ort durchfuhr, zwar nicht in rasendem Tempo, denn dazu läßt es der weiche Sand auf unsern Straßen und Wegen nicht kommen, sondern gemächlich und pustend und fauchend. Es überwand aber glücklich die Schwierigkeiten und fuhr am Ostende des Ortes wieder hinaus nach Zingst zu. Wie uns gesagt wurde, kam es aus Mecklenburg.“* (Barther Zeitung Nr. 106, 6.05.1908) Dies war das erste Auto, welches sich bis dahin eigenständig soweit vorgewagt hatte. Allem Anschein nach handelte es sich dabei um den Ribnitzer Arzt Dr. Anschütz, der in dieser Zeit sein erstes Auto erstand und somit zum ersten Kraftwagenfahrer von Ribnitz und Umgebung wurde. Bereits einige Jahre zuvor trat ein Badegast die abenteuerliche Fahrt mit dem Auto über die Halbinsel in Richtung Norden an, doch die sandigen Wege des Darß bereiteten dem Wagen so große Probleme, dass er das junge Ostseebad nur durch das Vorspannen zweier Prerower Pferdestärken erreichte.

Dr. Anschütz auf seinem Automobil.

Spazieren und Wandeln

Die besondere Atmosphäre sowie der Umstand, in Ahrenshoop namhafte Künstler damaliger Zeit antreffen zu können, bescherte dem Ort zu Beginn des vorigen Jahrhunderts zunehmend einen guten Ruf. Viele neue Bewohner und vor allem Badegäste kamen hinzu. Sie liebten ihr Fischerdorf fernab jeglichen Fortschritts und wiegten sich in Ruhe und Abgeschiedenheit. Mit der Zeit geriet das Dorf in Mode und die Besiedlung zog immer größere Kreise. Zur Verschönerung des Ortsbildes und der Erschließung neuer Erwerbsquellen gründete sich im September 1904 ein Verein für gemeinnützige Zwecke, der sehr aktiv in Erscheinung trat. Gemeinsam mit dem Althäger Badeverein setzten sich die Mitglieder verstärkt für die Freigabe von Wanderwegen innerhalb des Darßwaldes ein.

Das „Hotel Bogislav“ auf dem Schifferberg in Ahrenshoop diente vielen Badegästen als Ausgangspunkt für ihre Tagesausflüge.

Nach der Errichtung des Jagdhauses des Hohenzollern-Prinzen Eitel Friedrich im Jahr 1907 hatten sich die bestehenden Einschränkungen für die Spazier- und Verkehrswege nochmals erweitert. So war die Freigabe des Strandes lediglich in der Zeit zwischen 1. Juli bis 1. September eines jeden Jahres beschränkt, was viele Maler, vor allem aber die Kurgäste, schwer beeinträchtigte.
Ein Spaziergang zum Darßer Ort außerhalb dieser zwei Monate war äußerst umständlich, zumal das Gehen auf den wenigen freigegebenen und zum Teil stark zerfahrenen Wegen keinesfalls eine vergnügliche Wanderung darstellte. Doch alle Bemühungen der Vereine blieben erfolglos, und die Gäste mussten auch weiterhin außerhalb der Saison auf ihre Spaziergänge entlang des Weststrandes verzichten. Forstmeister Ferdinand von Raesfeld gab lediglich die Wege innerhalb des Ahrenshooper Holzes für das gesamte Jahr frei.
Da nun aber Spazierengehen zu jedem Sommeraufenthalt dazugehörte, nutzte man das angrenzende Fischland als häufiges Ziel solcher Unternehmungen.

Wustrower Große Straße mit „Nordens Hotel“.

„Selbst der Weg bis Wustrow wurde als eine Art Landpartie angesehen, denn man ging damals eigentlich nicht, man wandelte genießerisch seines Weges und pries die Schönheiten der Natur in vielen Worten.“ (Käthe Miethe: „Das Fischland“; S. 125)

Im Ort angekommen, bewunderten sie die schönen Häuser mit ihren gepflegten Vorgärten. Auf der Terrasse von „Nordens Hotel“ trank man Kaffee und beobachtete dabei das Geschehen entlang der Großen Straße.

Die Prerower Sommergäste bedienten sich damals wie heute gerne eines Pferdegespanns. Da der Ort um 1900 aber nur einen einzigen gefederten Wagen besaß, wurden die meisten Vergnügungsfahrten oft auch mit gewöhnlichen Arbeitsfuhrwerken durchgeführt. Auf Drängen des Ostseebades nach einer geeigneten Rundfahrt, gab die Darßer Oberförsterei den wegen seiner alten Buchenbestände landschaftlich besonders reizvollen *Mittelweg* frei. Von dort ging die Runde hinter der Düne entlang zum Leuchtturm Darßer Ort und nach kurzem Aufenthalt von dort zurück nach Prerow.
Aber auch bei den zu Fuß flanierenden Sommerfrischlern war der *Leuchtturmweg* außerordentlich beliebt. Doch wegen der großen Entfernung zum Darßer Ort bogen viele Gäste auf das *g-Gestell* ein und wanderten von dort in Richtung Norden zum Prerower Strand. Wegen der anmutig spazierenden Damen wurde das nördliche *g-Gestell* im Volksmund daher auch *Jungfernstieg* genannt.

Jungfernstieg im Darßwald bei Prerow.

Weil die Dörfer entlang der Halbinsel bis dahin nur wenig staubfreie Klinkerpromenaden besaßen, bot die Barther Straße auf dem Teilstück Zingst-Timmort eine ideale Spazierstrecke. Es kam nicht selten vor, dass Gäste in kleinen Gruppen gemächlich über die wenig befahrene Pflasterstraße dahinschlenderten, bis sie an die Fährbrücke bei Timmort gelangten, um das dortige Geschehen zu beobachten. Wer sich damals nach Entspannung sehnte, fand sie sogar noch beim Spazieren auf der Chaussee.

Das unweit vom Fährhaus der Gemeinde Sundische Wiese gelegene Restaurant „Waldesheim" hatte sich zu Beginn des vorigen Jahrhunderts zu einem beliebten Ausflugsziel entwickelt. Vorwiegend an den Wochenenden machten zahlreiche Tagesausflügler aus Barth und Umgebung mit großen und kleinen Booten am Steg der dortigen Forstablage fest. Wer nicht nur unter den schattigen Bäumen des Gastwirtes Otholt verweilen mochte, den zog es zu einer Wanderung in den gegenüber liegenden Osterwald oder man schritt zielstrebig über den Badeweg in Richtung Norden, um sich am einsamen Strand zu erholen.

Idylle auf der Chaussee von Timmort nach Zingst, ländliche Ruhe abseits des immer größer werdenden Strandrummels.

Mit dem Fuhrwerk von Pramort nach Sundische Wiese.

Restaurant „Waldesheim" am Osterwald nahe Sundische Wiese.

Vom Fischländer Weg zur modernen Betonchaussee

Für die Bewohner der nordöstlichsten mecklenburgischen Ortschaften Althagen, Niehagen und Wustrow stellte die Stadt Ribnitz mit ihren Ämtern, dem Markt und unzähligen Geschäften den wichtigsten Anlaufpunkt dar. Einzige Landverbindung nach Mecklenburg war der *Fischländer Weg*, der von Wustrow über Neuhaus nach Klein-Müritz in Richtung Rostock verlief. Auf Höhe von Dierhagen zweigte vom *Fischländer Weg* der *Ribnitz-Wustrower Landweg* ab. Dieser führte weiter über Dändorf und Körkwitz bis nach Ribnitz und umschloss den Saaler Bodden und die Ribnitzer See in westlichem Bogen. Den Abschnitt zwischen Dändorf und dem Pachthof Körkwitz zu durchqueren war besonders beschwerlich; hier lag die von Hochwasser häufig überspülte *Postwiese*.

Westlicher Ortsausgang von Wustrow auf dem Fischland um 1900.
Von hier führte ein beschwerlicher Weg auf das mecklenburgische Festland.

Die Chaussee von Ribnitz nach Körkwitz, entstand 1873. Sie war das erste befestigte Teilstück einer Straße in Richtung Fischland.

Während der warmen Jahreszeit konnte der Landweg als Verbindung genutzt werden. Anders sah es dagegen im Winter aus. Eine Reise im offenen Pferdewagen war da keinesfalls eine Vergnügungstour. Immer wieder auftretende Überschwemmungen ließen den Weg mit seinen flachen Wiesen, die zum Großteil der Stadt Ribnitz gehörten, unbrauchbar werden. Mehrmals im Jahr überschwemmten die so genannten Stadtwiesen vom Bodden her, und die Pferde mussten den Weg parallel zu den Dünen mit ihren Hufen ertasten. Nicht selten blieben dabei ganze Fuhrwerke im Matsch stecken. Kam noch ein kräftiger Schneesturm oder Regen hinzu, erlebten Mensch und Tier ein echtes Martyrium. Bei solchen Missständen erscheint es verständlich, dass nicht nur in den Fischlanddörfern, sondern auch in den Gemeindevorständen von Dierhagen und Dändorf großes Interesse an einem zuverlässigen Verkehrsanschluss bestand.

Im November 1872 beschlossen die Ribnitzer Ratsherren den Bau einer Feldsteinchaussee in das nahe gelegene Dorf Körkwitz. Es entstand ein schmaler Damm, der von der Rostocker Chaussee in unmittelbarer Nähe des gleichnamigen Tores in Richtung Fischland abzweigte. Ein Jahr später waren die Arbeiten beendet. Mit den restlichen Steinen wurde der Damm noch in den Ort hineingeführt.

Die Chaussee von Ribnitz nach Körkwitz entstand 1872. Sie war das erste befestigte Teilstück einer Straße zwischen der Boddenstadt und dem Fischland. Den Fischländern nutzte das wenig, bis auf dieses Teilstück mussten sie weiterhin die tief ausgefahrenen Sandwege benutzen. Erst in den 1890er Jahren, nach der Entdeckung eines ausgedehnten Kieslagers in den

Körkwitzer Tannen, führte Ribnitz die Arbeiten weiter und fertigte einen recht festen und brauchbaren Weg bis zum Pachthof Körkwitz an. Dazu ließ die Stadt 3.216 Fuhren groben Kies anfahren. Zur weiteren Verbesserung dieser Verbindung sollte dann auch der restliche Teil in Richtung Wustrow, der schwer passierbare Landweg über die *Postwiese* nach Dändorf und Dierhagen, zu einer Kiesstraße ausgebaut werden. Die Förderung des Projektes erfolgte vorwiegend durch Fischländer Kaufleute, Hotel- und Gaststättenbesitzer. Aber auch einige Privatpersonen, die sich dort ein Anwesen zugelegt hatten, unterstützten das Vorhaben.

Die alte Straße von Ribnitz nach Körkwitz besaß neben einem Sommerweg für Fuhrwerke auch einen Radfahrweg. Um 1910 lag der holprige, aus Feldsteinen gepflasterte Damm unter einer festen Sandschicht, was eine Fahrt wesentlich erträglicher machte.

Die Anbindung des Fischlandes an die Stadt Ribnitz war ein heiß diskutiertes Thema, vor allem was die Herstellungsart einer möglichen Chaussee betraf. Kostete die zurückliegende, ebenfalls von Körkwitz aus begonnene Kieschaussee zum Ostseebad Müritz noch 3.540 Mark je Kilometer, so war für die geplante Nebenchaussee zum Fischland ohne Landeshilfe mit etwa 4.000 Mark zu rechnen. Zudem sollte sich auch die jährliche Unterhaltung um einiges teurer gestalten. Neben den mecklenburgischen Fischländern hofften auch die pommerschen Ahrenshooper auf das Projekt. Sie gehörten zwar politisch dem Darß an, verkehrsmäßig waren sie aber ausschließlich mit der benachbarten Region verbunden. Im Mai 1904 hofften die Gemeinden auf eine finanzielle Beteiligung der Boddenstadt und versuchten dort Gehör zu finden: *„Da die Stadt Ribnitz wegen ihrer zwischen Dierhagen und Wustrow gelegenen Stadtwiese ein großes Interesse an der Besserung der Wegeverbindung nach dort hat, so gestatten wir uns die ergebenste Anfrage, ob und in welcher Weise sich die Stadt Ribnitz gegebenenfalls an einer Besserung des bezeichneten Hauptweges, sei es mittelst Kieschaussee, sei es mittelst Nebenchaussee, beteiligen würde. Würde die Stadt insbesondere im ersteren Falle bereit sein, wiederum den Kies bei Körkwitz kostenlos zur Verfügung zu stellen?“* (Stadtarchiv Ribnitz: Rep. II, Nr. 1380)

Vorerst gab es keine Unterstützung, aber die Angelegenheit wurde weiter verfolgt. Auf Drängen aller Beteiligten berief das Domanialamt Ribnitz am 19.07.1904 eine Beratung zum Bau einer Nebenchaussee von Ribnitz nach Wustrow ein. Daraufhin beauftragte man den zuständigen Landbaumeister Voss in Rostock mit der Erarbeitung eines Entwurfes. Die Bemühungen währten bis zum Jahresbeginn 1905. Am 3. Januar teilte das Ribnitzer Amt überraschend mit, dass die weiteren Verhandlungen über die Ausführung des Chausseebauplanes wegen Verhandlungen zum Bau einer Kleinbahn von Ribnitz bis zur Landesgrenze einstweilen ausgesetzt seien.

Auf der erneuten Verhandlung zum Bau einer Kieschaussee Körkwitz-Wustrow im August 1905 unter der Leitung des Amtmanns von Oertzen erschienen Mitglieder der Gemeindevorstände aus Althagen, Wustrow,

Dierhagen und Dändorf. Die eigens gegründete *Chaussee-Verwaltungskommission* verlas dabei ihren Bericht. Auch die erarbeiteten und bereits vom Innenministerium geprüften Pläne des Landbaumeisters Voss wurden vorgelegt. Eine Weiterführung der Straße über Althagen bis zur Landesgrenze erachteten die Teilnehmer als wünschenswert, wegen der dadurch entstehenden Mehrkosten wurde jedoch in dieser Planung davon abgesehen. Weiterhin berieten die Anwesenden über eine Verteilung der Baukosten für die etwa 15 Kilometer lange Chaussee, dessen erforderliches Gelände alle betroffenen Gemeinden kostenlos herzugeben hatten. Den als Baumaterial erforderlichen Kies stellte die Stadt Ribnitz ebenfalls unentgeltlich zur Verfügung. Für Bau und Unterhaltung der Kieschaussee wurde die Gründung eines Wegeverbandes beschlossen. Dieser hatte seinen Sitz in Wustrow, besaß Mitglieder aus den vier anliegenden Orten und erarbeitete eine eigene Satzung. Anfang November 1905 wurde eine erneute Verhandlung anberaumt, auf welcher die Erschienenen den Wunsch äußerten, doch noch die Mittel für den Chausseebau bis zur Landesgrenze bei Ahrenshoop aufzubringen. Durch zahlreiche Unstimmigkeiten gestalteten sich die weiteren Planungen recht kompliziert. Vor allem konnten sich die Gemeinden Dändorf und Dierhagen nicht über den nötigen Zuschuss einigen, weshalb sich die Verhandlungen über ein weiteres Jahr hinzogen. Während Dändorf die Zahlung der jährlichen Beiträge in Aussicht stellte, beschloss Dierhagen nur die Ableistung einer einmaligen finanziellen Beihilfe. Verärgert über das geringe Interesse Dierhagens am Chausseeprojekt stellte das Domanialamt Ribnitz im April 1907 alle weiteren Planungen ein.

Von preußischer Seite wurden ebenfalls Initiativen ergriffen, die Wegeverhältnisse in Richtung Mecklenburg zu verbessern. Anstelle einer Verlängerung der in Planung befindlichen Darßbahn, plädierte die Eisenbahnverwaltung für eine gradlinige, acht Kilometer lange Chaussee vom Bahnhof Prerow aus über das Westende von Wieck nach Born. Eine Erschließung Ahrenshoops hielt man dort wegen seiner starken Ausrichtung nach Mecklenburg dagegen für nicht notwendig.

Das zerschlagene Chausseeprojekt auf mecklenburgischer Seite lebte in den Köpfen der Menschen weiter und sorgte, ebenso wie der Wunsch nach einer Bahn, immer wieder für einen dankbaren Unterhaltungsstoff. Die unhaltbaren Verhältnisse, ein allgemein guter Wille und die mit dem Bahnbau auf dem Darß verbundene Konkurrenz hatten günstige Auswirkungen auf die erneute Chausseeplanung. Nach einem knappen Jahr wurden die Verhandlungen wieder aufgenommen, und der Ribnitzer Stadt- und Landbote gab bekannt: *„Zur besseren Verbindung der Ortschaften Wustrow, Althagen, Ahrenshoop beabsichtigt man eine feste Kiespromenade bis zur Niehäger Grenze anzulegen. Leider muß diesem Projekte die alte Weidenallee längs des Weges zum Opfer fallen, was umsomehr zu bedauern ist, da junge Anpflanzungen erfahrungsgemäß auf ungeschützten Flächen bei den vorherrschenden oft starken und rauen Westwinden schwer fortkommen."* (Stadt- und Landbote Ribnitz Nr. 38; 14.02.1908)

„Weg nach Wustrow" von Fritz Koch Gotha (Auszug).

Bei der Kostenaufstellung beriefen sich die Fischländer auf Entwürfe der im Frühjahr 1907 abgebrochenen Verhandlung. Im August 1909, kurz nach Baubeginn der Bahnstrecke Barth-Prerow, fragten sie beim Ribnitzer Amt nach der Aussicht auf eine finanzielle Beteiligung nach und wiesen dabei auf die momentan günstige Stimmung in den vom Chausseebau betroffenen Gemeinden hin.
Über den Verlauf der erhofften Chaussee waren sich Fischländer und Ahrenshooper einig: Sie sollte bis zur Landesgrenze führen. Der Wegeverband, dessen Mitglieder der Wustrower Hotelbesitzer Norden, der Seefahrt-Schuldirektor Fretwurst, der Niehäger Geheime Archivrat Keller und der Staatsminister a. D. Dernburg aus Ahrenshoop waren, wurde wieder aktiv. Die Stadt Ribnitz stellte keinen Vertreter bereit.
Der alte Plan der Kiesstraße wurde, finanziert von Johannes Norden, in ein Nebenstraßenprojekt umgearbeitet. Veranschlagt war das Bauvorhaben auf 310.000 Mark, wofür das Land Zuschüsse in Aussicht stellte. Nennenswerte Beträge gaben auch die einzelnen Fischlandgemeinden in den Baufond. Zuletzt war nur noch ein Fehlbetrag von 30.000 Mark aufzubringen. Somit nahm das Projekt bis zum Jahr 1911 allmählich wieder Gestalt an.
Doch der Magistrat lehnte seinen Kostenzuschuss mit der Bemerkung ab, dass zurzeit keine Mittel für die Beteiligung an einem Bau vorhanden seien. Es kam zu Verzögerungen, in deren Folge eine rechtzeitige Einbringung der Chausseebau-Vorlage in den Mecklenburgischen Landtag nicht mehr möglich wurde. Damit hatte sich das Bauprojekt erneut zerschlagen.
Um den geplanten Chausseebau trotzdem weiterhin zu fördern, gründete sich im Herbst 1912 eine *Dierhagener Terraingesellschaft*. Der Ribnitzer Magistrat verwies nun auf die ungünstige Situation bestehender Erbangelegenheiten in den städtischen Gebieten, wovon auch die geplante Trasse betroffen sei und beteuerte, in dieser Angelegenheit kurzfristig nichts unternehmen zu können. Die Fischländer gaben ihr Vorhaben nicht auf und kämpften weiter. Im Oktober 1913 übergaben sie an Ribnitz erneut ein Kieschausseeprojekt, worauf das Rathaus wenigstens noch einen Kostenanschlag einforderte.

Mit Beginn des Ersten Weltkrieges im August 1914 wurden alle Verkehrsprojekte, wie die Bahnverlängerung oder die Chaussee auf dem Darß und der Straßenbau zum Fischland zurückgestellt. Die heiß geführte Debatte um die Fischlandchaussee gelangte damit nur für kurze Zeit zum Stillstand. Bereits zwei Monate nach Kriegsbeginn bot sich eine neue Möglichkeit zur Ausführung des Plans. Um den anstehenden Chausseebau zu verrichten, bemühte sich das Ribnitzer Amt um Kriegsgefangene, die nun in Deutschland vielfach zur Arbeit eingesetzt wurden. Die Einwohner allerdings konnten sich damit nicht anfreunden, und so scheiterte der Versuch letztlich auch durch ihre ablehnende Haltung gegenüber der Vorstellung, die Zwangsarbeiter in den Ortschaften aufzunehmen. Während des Krieges kam das Projekt nicht mehr auf die Tagesordnung. Erst nach dessen Ende rückte der Straßenbau nach Wustrow wieder in den Blick öffentlichen Interesses. Von nun an übernahm der Rostocker Amthauptmann Ihlefeld die Chausseeverhandlungen. Neben der mehrfach angesprochenen Verbindung wurde jetzt auch der Ausbau des alten Fischländer Weges vorgeschlagen. Der damit verbundene Anschluss an die *Ribnitz-Müritzer Chaussee* wies jedoch den Nachteil auf, dass Dierhagen, Dändorf und der Körkwitzer Hof abgeschnitten gewesen wären. Außerdem befürchtete man in Ribnitz, die Fischländer Region würde sich dann zukünftig nach Rostock orientieren. Ihlefeld setzte sich deshalb für eine Verbindung von Körkwitz nach Wustrow ein und hoffte auf die schnelle Einigung aller anliegenden Ortschaften.

Über die Art der geplanten Chaussee, ob Kies oder Steinschlag, wurde bis dahin noch nicht entschieden. Schon die einfache Kiesaufschüttung versprach eine erhebliche Verbesserung der bisherigen Verhältnisse. Den erforderlichen Baugrund sollte die Stadt Ribnitz wie gehabt aus der Körkwitzer Kiesgrube bereitstellen. Die Ribnitzer Stadtverordneten verhandelten am 26.03.1924 über die finanzielle Beteiligung am Straßenbau. Dabei führte der Bürgermeister ausweichend aus, dass auch wieder ein Projekt zum Bau einer Fischlandbahn in den Vordergrund gerückt sei. Nach einer lebhaften Aussprache wurde dann doch die Ausführung weiterer Vorarbeiten für eine Chaussee beschlossen.

Nachdem das Fischland ins Blickfeld des Bäderbahnkomitees geraten war, nutzten die anliegenden Gemeindevorstände diese Situation gezielt als Druckmittel. Über die ab 1924 konkret gewordenen Planungen zum Bau einer Eisenbahn von Rostock zum Ostseebad Müritz war die Gemeinde Wustrow gut informiert. Nachdem immer öfter widersprüchliche Meldungen das Fischland erreichten, verfasste der Wustrower Gemeindevorstand im Dezember 1924 ein mahnendes Schreiben an den Rat der Stadt Ribnitz: *„Es ist uns vertraulich von gut unterrichteter Seite mitgeteilt, daß höchst wahrscheinlich die projektierte Bahn Rövershagen-Müritz bis Neuhaus weiter geführt, oder die Strecke Müritz-Neuhaus mit Chaussee ausgebaut wird. In beiden Fällen würde das Fischland also zum Anschluß an Neuhaus gezwungen, und der größte Teil des Westufers ginge Ribnitz verloren! Eine Trennung von unserer Nachbarstadt liegt aber durchaus nicht in unserer Absicht, wir wollen gerne unsere Beziehungen zu Ribnitz aufrechterhalten, wenn es sich irgend ermöglichen läßt. Um der drohenden Trennung entgegenzuwirken muß Ribnitz sich jetzt endlich aufraffen und energisch den Bau einer Stadtanschlußchaussee wenigstens bis zur Dändorfer Grenze in Angriff nehmen. Vermeiden oder Aufschieben läßt sich die Ausführung des Werkes nicht mehr, Zeit und Verhältnisse drängen gebieterisch auf Herstellung einer Hauptstraße und Anschluß des Fischlandes an das Westufernetz. Wir rufen deshalb namens der Gemeindevertretung den Rat und die Stadtverordneten zur Hut auf und anmerken, daß wir gerne bereit sind, in Unterhandlungen einzutreten.“* (Stadtarchiv Ribnitz: Rep. II, Nr. 1380)

Um den Verkehr nicht an ihrer Stadt vorbeiführen zu lassen, waren die Ribnitzer Stadtväter zu schnellen Handlungen aufgerufen. Da sie nun bereits Müritz und Graal wirtschaftlich an Rostock verloren hatten, befürchteten sie auch noch den Verlust des mecklenburgischen Fischlandes an die bedeutende Hansestadt. Doch trotz der Drohgebärden von Fischländer Seite verging in Mecklenburg viel Zeit ohne maßgebliche Entscheidungen. Der Ribnitzer Bürgermeister Dr. Düffert hielt mit dem Rostocker Amthauptmann Ihlefeld zunächst eine allgemeine Besprechung über das Chausseebauprojekt ab. Im

Auftrag Ihlefelds stellten dann Chausseeplaner umgehend neue Überlegungen an. Das überarbeitete Projekt sollte nun die Herstellung einer Steinchaussee bis Wustrow vorsehen. Am 1.07.1925, dem Einweihungstag der Bäderbahn Rövershagen-Graal-Müritz, unterrichtete der Amthauptmann den Ribnitzer Bürgermeister schriftlich: *„Ich bemerke hierzu, dass neuerdings vielfach Versuche gemacht worden sind, den Unterbau aus Beton herzustellen, insbesondere dort, wo Steine an Ort und Stelle nicht zu haben sind. Diese Herstellungsart dürfte sich im vorliegendem Falle besonders empfehlen...“.*

(Stadtarchiv Ribnitz: Rep. II, Nr. 1380)

Bei der Fertigung des Betons sollte der Kies teilweise durch Seesand ersetzt werden. Eine sehr fortschrittliche Variante, hatten doch alle am Straßenbau beteiligten Orte bei den letzten Chausseeverhandlungen 1924 noch auf eine gesamte Ausführung in Kies hingearbeitet. Die Fischländer Bevölkerung wollte gerne mit der Neuzeit Schritt halten und begrüßte den Bau einer so modernen Chaussee.

Fischländer Weg bei Klein Müritz.

Im Sommer 1926 legte das Rostocker Amt einen Entwurf vor, der eine Chaussee von Dierhagen bis Wustrow vorsah und deren Preis auf 43.000 Mark veranschlagt wurde. Das Ende dieser ersten Etappe bei Dierhagen gefiel den Ribnitzer Stadtvätern wegen des nahen Anschlusses der neuen Heidebahn jedoch nicht, denn die Verbindung über Klein-Müritz wurde von den Fischländern gern genutzt. Daher wurde bei der Mecklenburgischen Regierung weiterhin und dringend eine Chaussee von Ribnitz ausgehend gefordert. Dann endlich, am 6.11.1926 fand im Schweriner Ministerium eine vertrauliche Unterredung mit Vertretern der Fischlandgemeinden und Abgesandten aus Dierhagen und Dändorf statt. Die Sitzung begann mit einem ausführlichen Vortrag über die wirtschaftliche Lage des Fischlandes. Ministerpräsident Schröder war über die örtlichen Verhältnisse bestens informiert und von der Notwendigkeit einer dauerhaften Verbindung überzeugt. Er versprach den Abgesandten, sich mit besten Kräften für den Bau einer Steinschlagchaussee von Ribnitz bis zur Landesgrenze einzusetzen. Auch wolle er mit Preußen in Verbindung treten, da Ahrenshoop einen großen Nutzen von der Chaussee haben würde.

Nach dieser Zusammenkunft trafen die Gemeindevorstände der Fischlanddörfer zu einer Besprechung beim Magistrat und dessen engerem Ausschuss im Ribnitzer Rathaus zusammen. Die Anwesenden referierten in erster Linie über die Umlage der Bausummen an die Gemeinden. Unter dem Druck der Tatsachen erklärten sich die Ribnitzer Stadtvertreter zur Zahlung der erforderlichen 150.000 Mark bereit. Die übrigen Gelder verteilten sich auf Körkwitz, Dändorf, Dierhagen, Althagen und Wustrow, wobei letztere Gemeinde mit 74.000 Mark voran ging. Man war sich darüber einig, Ahrenshoop in dieses Vorhaben mit 20.000 Mark einzubeziehen, schließlich dürfe der Kreis Franzburg/Barth wegen der Abgelegenheit seines Ortes nicht länger wegsehen. Damit war das Geld gesichert. Auf der kommenden Landtagssitzung stimmte die Mehrheit der Abgeordneten dem Projekt zu und der lang gehegte Wunsch nach einer Fischlandchaussee konnte endlich in Erfüllung gehen.

Ortseingang Wustrow aus Richtung Niehagen um 1905.

Weg zum Wustrower Ortsteil Barnstorf.

Wustrow - Blick vom Kirchturm auf die große Straße.

Alltagsleben auf dem Fischland.

An der Althäger Straße.

Bau und Einweihung der Fischlandchaussee

Der bestehende Körkwitzer Damm stellte den Zufahrtsweg aus Richtung Ribnitz dar. Alle für die Instandsetzung der Körkwitzer Brücke anfallenden Reparaturkosten übernahm die Chausseeverwaltung. Die zum Bau der Fischlandchaussee notwendigen Vorarbeiten, unter anderem die Vermessungen, setzten bereits im Sommer 1927 ein. Am Ortsausgang Körkwitz in Richtung Fischland begann der eigentliche Bau. Das dortige Vorkommen von Kies hatte die Entscheidung zum Bau einer Betonstraße wesentlich beeinflusst. Die fortschrittliche Variante der Ausführung übernahm die Berliner Firma *Hermann Streubel-Straßenbau GmbH.*

Die Weggabelung Müritzer Kieschaussee - Ribnitz Wustrower Landweg. In Anbindung an die alte Steinschlagchaussee entstand von Körkwitz aus in Richtung Fischland das erste Stück der geradlinigen Betonstraße, die zunächst als Versuchsstrecke angelegt war.

Über Feldbahngleise gelangte der Kies von der Körkwitzer Kiesgrube zu einem übergroßen Betonmischer. Nach Zugabe von Zement und Hartsteinsplitt kam das fertige Betongemisch an die Straßenbaustelle, wo sich modernste Technik im Einsatz befand. Nachdem die angefahrenen Mischungen in zwei Lagen aufgebracht waren, übernahm eine Stampfmaschine nach amerikanischem Vorbild die Schlussbearbeitung. Ähnlich einer kleinen Brücke, die sich über die gesamte Straßenbreite hinweg spannte und von Motorkraft angetrieben wurde, zog sie den lose ausgebreiteten Beton ab und stampfte abschließend das Straßenprofil fest. Auf diese Art war es möglich, an nur einem Tag etwa 100 Meter Straßendecke herzustellen. Das erste Teilstück betrug etwa einen Kilometer und war eine Art Versuchsstrecke. Nach Fertigstellung mussten die Arbeiten für eine Weile ruhen, um anschließend die Auswirkungen des Verkehrs auf den Belag beurteilen zu können.

Anfang November 1927 erfolgte die mit großem Interesse erwartete Besichtigung des Abschnittes. Dazu versammelten sich neben den Bauherren Sachverständige benachbarter Landesteile und aus Berlin. Hinzu kamen Vertreter des Rostocker Amtes, der Barther und Stralsunder Kreistage und der Presse. Alle der etwa 30 Anwesenden sprachen sich über die geleistete Arbeit sehr anerkennend aus: *„Wir haben hier einen Straßenbau vor uns, der nicht nur infolge seiner technischen Eigenart für den Straßenbaufachmann von Bedeutung ist, sondern der eine der landschaftlich reizvollsten Gegenden in Mecklenburg neu erschließt.... Weder Kraftwagen noch Kiesfuhrwerke haben ihm etwas anhaben können. Rau und griffig, aber doch eben wie am ersten Tage zeigt er sich. Eine lebendige Anklage gegen alle die Straßen, die noch heute durch Schlaglochreihen die Sicherheit des Kraftwagenverkehrs gefährden und den Bauherren das Vielfache an Unterhaltungskosten verursachen."*

(Stadt- und Landbote für Ribnitz und Umgebung Nr. 261, 8.11.1927)

Die Betonarbeiten wurden weitergeführt, und im Juli 1928 war der nächste Abschnitt der Fischlandchaussee nahe Dierhagen fertig. Ab hier musste immer wieder unterbrochen werden, weil auf der Reststrecke bis Wustrow regelmäßig Absackungen im Baugrund auftraten. Um dennoch rechtzeitig vor Wintereinbruch des folgenden Jahres fertig zu werden, arbeitete die Firma Streubel viele Monate unter Hochdruck.

Straßenbaustelle am Ortseingang von Wustrow aus westlicher Richtung.

Den denkwürdigen Tag ihrer Chaussee-Einweihung begingen die Fischländer am 9.10.1929. Am westlichen Eingang des reich geschmückten Ortes errichteten die Wustrower zwei hohe Pfähle mit einer Girlande als Ehrenpforte. Zu dem wichtigen Anlass fanden sich neben zahlreichen Einwohnern auch die benachbarten Schulen und sämtliche Vereine samt ihrer Fahnen ein. Die Einfahrt der Ehrengäste wurde mit Spannung erwartet. Kurz vor 12 Uhr blikkten alle Anwesenden über die vor ihnen liegende, glatte und endlos scheinende Betonstraße, bis sie die anrollenden Wagen schon aus weiter Ferne erblickten. Unmittelbar vor ihrem Eintreffen spielte die Feuerwehrkapelle auf. Beim Erklingen ihrer Musik durchfuhr das Postauto, auf beiden Seiten begleitet von je sechs mit weißen Bändern geschmückten Mädchen, das Band der Ehrenpforte. Mit einem Schild über der Straße wurden die Gäste begrüßt:

„Willkommen sollet Ihr uns sein;
Eine neue Zeit bricht jetzt herein.
Die schlechten Zeiten sind verflossen,
Wustrow ist dem Verkehr erschlossen.
Wir hoffen, daß die nächsten Zeiten.
Auch dieses in die Wege leiten,
Daß die Chaussee vollendet wird
Und bis zur Landesgrenze führt.“

Weitere Automobile mit einflussreichen Persönlichkeiten folgten dem ersten Fahrzeug. Den Abschluss der Ehrenkolonne bildeten die Ribnitzer Feuerwehr und Wagen verschiedener Firmen, die eine geschäftliche Erschließung des Fischlandes kennzeichnen sollten. Anschließend bewegte sich der Festzug, dessen Anfang die Reiter des Tonnenbundes bildeten, in das Dorf hinein. Dabei nahm er, von unzähligen Blumen streuenden Kindern begleitet, beinahe die gesamte Länge der *Großen Straße* ein.

Bei ihrer Ankunft auf dem Fischland wurde die Kraftwagenkolonne von einer großen Menschenmenge begrüßt. Das Band der Ehrenpforte durchfuhr der mit Vertretern wichtiger Behörden besetzte Bus der Reichspost.

Beim Umzug in den Ort wurde das neue Fahrzeug von 12 jungen Mädchen an Seidenbändern geführt.

Vor dem *„Voß Hotel"*, dem damaligen Ende der neuen Straße, erfolgte die Begrüßung durch die Gemeindeverwaltung. Dieser schlossen sich Ansprachen an, bei denen die Redner allen Gästen und Förderern der Chaussee ihren Dank aussprachen sowie Glückwünsche übermittelten. Amthauptmann Ihlefeld sprach über die vorangegangene Entwicklung der 14,5 Kilometer langen Straße und wünschte sich aus diesem Werk einen reichen Segen für die Fischlanddörfer. Der offiziellen Feier folgte dann ein von zahlreichen Reden begleitetes Essen im genannten Hotel. Dabei verkündete der Ahrenshooper Gemeindevorsteher Hans Brass, dass auch seine Einwohner den Chausseebau weiterhin mit großem Interesse verfolgten und gern zur gemeinsamen Arbeit bereit seien. In gemütlicher Runde fand der große Tag einen fröhlichen Ausklang. Damit war die Chaussee, die den Verkehrsstrom auf den westlichen Teil der Halbinsel leiten sollte, standesgemäß eingeweiht. Die Arbeiten innerhalb des Ortes zogen sich bis in die letzten Herbsttage hinein. Beiderseits der Straße wurden Ablaufrinnen angelegt und die Übergänge zu den Seitenwegen aus Kopfsteinpflaster gefertigt. Zur Freude der Einwohner wurde auch noch die Hafenstraße vom Anschluss vor der Kirche bis zum Hafen betoniert.
Die glatte Zementbahn entwickelte sich in ihren Anfangswochen zu einem Tummelplatz neugieriger und zum Teil waghalsiger Fahrzeugbesitzer. Nirgendwo ließ sich damals so unbeschwert aufs Gaspedal treten wie auf der Fischlandchaussee. Dabei verleitete die geradlinige Betonstrecke viele Autofahrer zu überhöhten Geschwindigkeiten, was bei der geringen Straßenbreite von 3,50 Meter nicht ganz ungefährlich war. So ereigneten sich wiederholt Unfälle, bei denen die Wagen seitlich auf den weichen Sommerweg abkamen und dabei so weit in den Sand oder Wassergraben hineinfuhren, dass sie nur mittels mehrerer Pferde wieder zu bergen waren. Einige der ansässigen Fuhrwerksbesitzer rühmten sich damit, nie so gute Schleppgeschäfte gemacht zu haben, wie seit der Zeit, als die Fischlandchaussee dem Verkehr übergeben worden ist.

Nach dem Erkennen der neuen Gefahren wurden umgehend öffentliche Warnungen ausgesprochen. Die Autofahrer sollten auf der Fischlandchaussee keine Schnelligkeitsrekorde austragen und beim Begegnen oder Überholen anderer Wagen besonders vorsichtig sein. Mit einiger Verzögerung erfolgte die Freigabe für Großkraftwagen auf der Reststrecke Dierhagen-Wustrow. Damit konnte die Reichspost den Linienverkehr zwischen dem Ribnitzer Bahnhof und dem Fischland aufnehmen.

Vom 18. **Dezember ab** verkehrt anstelle der Kraftpost nach Dierhagen eine **Kraftpost nach Ostseebad Wustrow** wie folgt:

				↓			↑				
6^{20}	9^{10}	13^{10}	18^{06}		**ab Ribnitz Bhf.**	**an**		7^{50}	—	15^{20}	20^{10}
6^{21}	9^{20}	13^{20}	18^{10}		**ab Ribnitz Post**	**an**		7^{48}	11^{20}	15^{16}	20^{08}
6^{50}	10^{10}	14^{10}	19^{00}		**an Wustrow**	**ab**		7^{00}	10^{26}	14^{20}	19^{10}

Ab Dezember 1929 verkehrte der Bus der Reichspost zwischen Ribnitz und Wustrow.

Im folgenden Frühjahr begann in Wustrow die Weiterführung der Fischlandchaussee. Abgesehen von den restlichen finanziellen Mitteln wurden die Straßenbauarbeiten bis zur Landesgrenze davon abhängig gemacht, ob der Kreis Franzburg/Barth seine Darßchaussee nach Ahrenshoop weiterführen wollte. Da dies unterblieb, einigte man sich auf eine Streckenführung bis zum Althäger Hafen. Für die Dauer der Arbeiten wurde der Verkehr von der Wustrower *Strandstraße* über den alten Stadtweg am hohen Ufer entlang nach Althagen geleitet. Nach Abstecken der Trasse und dem Beseitigen einiger Straßenbäume begann die Planierung. Obwohl die Erdarbeiten bald bis Althagen ausgeführt worden waren, fand die anschließende Betonierung schon an der Niehäger Weggabelung *Am Kiel* ihren vorläufigen Abschluss. Da der Straßenbau von Körkwitz aus begonnen hatte, wurde ein erheblicher Nachteil sichtbar. Die vom Rostocker Tor in Ribnitz nach dort führende alte Steinschlagchaussee war mittlerweile in sehr schlechtem Zustand. Bald regte sich Unverständnis darüber, dass die Stadt beim Bau der Fischlandchaussee nicht dafür Sorge getragen hatte, diese alte Wegstrecke ebenfalls aus Beton herzustellen. Für ihre verkehrsmäßige Erschließung zahlten die Orte an der Fischlandchaussee einen hohen Preis. Allein die Baukosten für die Strecke

Körkwitz-Wustrow lagen bei 865.000 Mark. Trotz erheblicher finanzieller Beihilfen drückten die Gebühren noch viele Jahre auf die Gemeindekassen. Die Stadt Ribnitz hatte sich durch ihr eigenes, beim Chausseebau aufgebrachtes Kapital wirtschaftlich ein wenig übernommen. Der Ribnitzer Chronist Paul Kühl äußerte sich einige Jahre später pessimistisch zu dieser Straße: *„Die mit einem städtischen Zuschuß von 190 000 Mark leider reichlich schmal aus Beton gebaute Fischland-Chaussee, die am 9. Oktober 1929 dem Verkehr übergeben und heute fast bis Althagen durchgeführt ist, hat zwar eine sichere Landverbindung zwischen dem Fischlande und Ribnitz geschaffen, aber den Stadtsäckel ungewöhnlich stark erleichtert, die beteiligten Dorfgemeinden ungeheuer finanziell belastet und die Dampfschiffahrtsgesellschaft nach Wustrow 1931 bis zur Zahlungseinstellung gebracht.... Die Zahl der Sommergäste hat sich vermindert, weil durch die moderne Autostraße die Romantik des Fischlandes verloren ging. Es ist nicht mehr der sagenumwobene idyllische Winkel, den die Binnenländer ja gerade wegen seiner Weltabgeschiedenheit so sehr liebten. Es scheint so, als ob die Zementchaussee das geschäftliche Band zwischen Ribnitz und dem Fischland fast zerschnitten, zum mindesten aber gelockert hat, anstatt daß sie es fester knüpfte.“* (Paul Kühl: Chronik der Stadt und des Klosters Ribnitz; S. 585 ff.)

Was blieb, war eine innovative Leistung im Straßenbau und die Erschließung des Fischlandes für moderne Verkehrsmittel. Mit der im Jahr 1997 in Wustrow abgeschlossenen Straßenerneuerung wurde in den Gehweg bei der Bushaltestelle auf der westlichen Straßenseite eine Gedenkplatte eingesetzt, die an den Bau dieser bemerkenswerten Chaussee erinnert.

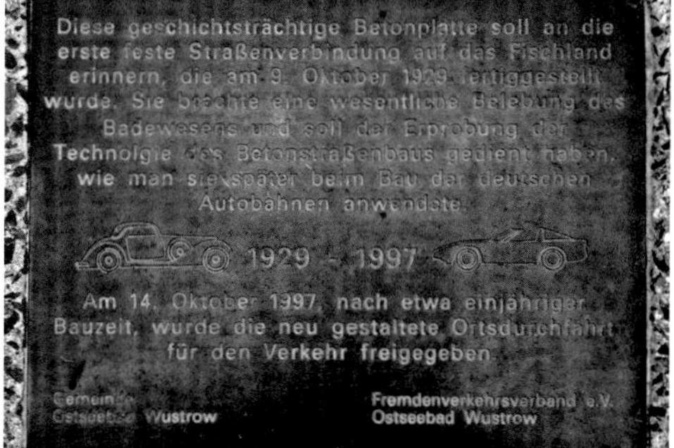

Geradlinige Fischlandchaussee in Dierhagen mit Haltestelle der Kraftpost.

Betonstraße in Dierhagen um 1930.

Wustrower Große Straße um 1940.

Landweg Niehagen-Ahrenshoop mit dem Abzweig zum Althäger Hafen.

Süddarß – Vergessenes Land

Für Zingst und Prerow hatte der Bahnanschluss von 1910 alles erdenklich Gute gebracht. Alljährlich suchten tausende Badegäste die komfortabel ausgestatteten Hotels, Pensionen und Privatunterkünfte auf und verbrachten dort erholsame Urlaubstage, wodurch eine Menge Geld in den Orten verblieb. Es entstanden zahlreiche Neubauten, und die Ortsbilder verschönerten sich zusehends. Die reizvoll gelegenen Boddendörfer des südlichen Darßes suchten die Tagesausflügler vergleichsweise selten auf, übten doch die weißen Strände eine viel zu große Anziehungskraft auf die erholungssuchenden Stadtmenschen aus.

Die Bevölkerung der südlichen Darßgemeinden war es gewohnt mit geringen Mitteln auszukommen, doch selbst für das, was Landwirtschaft und Fischerei hergaben, war der Winter oft lang. Ihre Isolation hatten Wieck, Bliesenrade

„In Born" Zeichnung von Theodor Schultze-Jasmer um 1925.

Walter Mett übernahm den Vorsitz des Borner Verkehrsvereins.

und Born zum größten Teil der schlechten Beschaffenheit sämtlicher Zufahrtswege zu verdanken. Als sich in den Jahren nach dem Ende des Ersten Weltkrieges der soziale Unterschied zwischen den Dörfern des Süddarßes und den benachbarten Ostseebädern vergrößerte, wuchs auch die Unzufriedenheit. Die Menschen im Innern der Halbinsel hatten das Gefühl, man hätte sie vollständig vergessen. Die Gemeinden Wieck und Born unternahmen große Anstrengungen, um größere Bekanntheit zu erlangen. Fast gleichzeitig gründeten beide Orte im Frühjahr 1926 eigene Verkehrsvereine, die sich mit besten Kräften für eine Hebung des Fremdenverkehrs einsetzten. Viel Geld und Arbeit mussten investiert werden, wie etwa beim Anlegen eigener Badestrände am Ufer des Boddens, durch welche sich die Zahl der Erholungssuchenden vermehren sollte. Erste Erfolge wurden sichtbar, so erlaubte ihnen die günstige Lage zwischen Wasser und Wald trotz der unzureichenden Qualität des Badewassers ganz offiziell die Bezeichnung *Luftkurort* zu tragen.

Den Vorsitz des Borner Verkehrsvereins übernahm Walter Mett. Ein vielseitig begabter, aus Stettin stammender Theologe, der durch zahlreiche gemeinnützige Aktivitäten bei den Darßern innerhalb weniger Jahre große Anerkennung erworben hatte. Zuerst hielt der Verein noch an der lang ersehnten Bahnverlängerung von Prerow aus fest. Zwischenzeitlich wurde auch die Variante der Mecklenburgischen Bäderbahn AG, die Linie Fischland-Müritz-Rövershagen, favorisiert. Walter Mett führte intensive Verhandlungen, unter anderem auch mit der Hauptverwaltung der Deutschen Reichsbahn-Gesellschaft in Berlin.

Das Barther Tageblatt veröffentlichte in der Beilage vom 14.11.1926 einen großen Artikel über die schlechte Lebenssituation der dortigen Bewohner. Unter der Überschrift „Vergessenes Land - Ein Notschrei vom Süd-Darß", wurden die Verkehrsverhältnisse zwischen den verarmten Ortschaften beeindruckend und ausführlich beschrieben: *„Aber nicht allein der Fahrweg, auch der nebenher laufende Fußsteig steht bei feuchtem Wetter streckenweise unter Wasser. So ist es nicht bloß die Mittellosigkeit, die die Bewohner des südlichen Darßes zwingt, ihre Besuche in der Kreisstadt Barth einzuschränken, sondern in höherem Maße der Zustand und die Strapazen und in jüngster Zeit auch noch die Unsicherheit des Weges. Wer von Born nach Barth will, muß auch im Winter um 4 Uhr früh aufstehen, um nach fast zweistündigem Marsch durch den finsteren Wald auf zum Teil grundlosen Wegen den Bahnhof Prerow zu erreichen".* (Barther Tageblatt Nr. 268, 14.11.1926) Eine derart ungünstige Verbindung schloss eine Teilnahme am Barther Wochenmarkt mit eigenen Erzeugnissen ebenso wie die Arbeit in einer der Fabriken aus. Bei der Zufuhr von Lebensmitteln entstand eine unverhältnismäßige Verteuerung. Kohlen kosteten bis zu 25 %, Kolonialwahren und Textilien etwa 30 % mehr als in den übrigen Orten des Kreises Franzburg/Barth.

Hedwig Burow präsentiert auf der Wiecker Hauptstraße ihr neues Fahrrad der Marke DIAMANT Mitte der 1920er Jahre.

Hinsichtlich des Wunsches nach einem zeitgemäßen Verkehrsanschluss zeichnete sich im Jahresverlauf 1926 eine wesentliche Änderung ab. Der zur damaligen Zeit schnell ansteigende Autoverkehr wurde auch im abgelegenen Born heiß diskutiert. Im bis auf den letzten Platz gefüllten Saal von „*Witts Hotel*" hielten die Einwohner eine Gemeindeversammlung ab. Nach mehreren Ausführungen zum Thema Straßenbau waren sich die meisten der Anwesenden darüber einig, dass der Besserung ihres wirtschaftlichen Lebens am ehesten die Schaffung einer Chaussee Prerow-Wieck-Born dienen würde. Als die Reichsbahn-Gesellschaft dem Borner Verkehrsverein wenige Wochen später eine Absage zur Verlängerung der Darßbahn erteilte, zugleich aber auf den Bau einer festen Straße nach Prerow hinwies, setzten die Gemeinden und Verkehrsvereine von Wieck und Born alle Bemühungen in diese Richtung um. Nun erfasste das Interesse nach einer Verbesserung der Verkehrslage die gesamte Darßer Bevölkerung, denn auch die Prerower Gemeindevertretung bemühte sich mit aller Kraft um einen Straßenbau zu den Nachbarorten. Um das Projekt voranzubringen, fanden sich aus allen drei Orten sachkundige Personen zusammen, die einen *Chausseebau-Ausschuss* gründeten und gemeinsam eine Petition erarbeiteten.

Auf dem Borner Kuhlenbruch um 1910.

Vorlage

zum Kreistage am 14. Januar 1927 zu Punkt 10 der Tagesordnung.

Bau einer Chaussee von Prerow nach Born.

Der Kreis Franzburg hat vor dem Kriege und noch in der Inflationszeit sein Landstraßennetz planmäßig ausgebaut. Die letzte beschlossene Straße von Ravenhorst nach Cavelsdorf wird im Jahre 1927 fertiggestellt. Trotzdem gibt es noch Gegenden des Kreises, die wenig oder gar keine Chausseeverbindungen haben. Ein Blick auf die Karte zeigt, daß — abgesehen von einzelnen kurzen Verbindungsstücken — sich auf dem Darß befestigte Straßen nicht befinden. Hier muß in erster Linie Abhilfe geschaffen werden, zumal der Westdarß überhaupt nicht dem Verkehr erschlossen ist. Die Bahnverbindung geht nur bis Prerow. Die Bevölkerung des Darß hoffte seit Jahren auf Weiterführung der Bahn von Prerow nach den mecklenburgischen Bädern. Die Reichsbahn hat es aber abgelehnt, die Bahn zu verlängern. Bei der heutigen finanziellen Lage ist auch garnicht daran zu denken, daß das Projekt von der Reichsbahn aufgenommen wird.

Die für den Verkehr namentlich nach Wieck und Born zur Verfügung stehenden Wege können durch keinerlei Verbesserungsarbeiten in einen Zustand gebracht werden, der ihre stets gefahrlose Benutzung für den Frachtverkehr ermöglicht. Bei nassem Wetter sind die Wege unpassierbar. Der an sich leichte Postwagen (Zweispänner) bedarf bei aufgeweichten Wegen eines Vorspannes, um überhaupt an sein Ziel zu kommen. Die Folge dieser trostlosen Wegeverhältnisse ist, daß die an sich sonst von der Natur reich bedachte Gegend verarmt und wirtschaftlich zu Grunde geht. Die Gemeinden auf dem Darß sind entwicklungsfähig, wenn sie gute Zugangsstraßen erhalten. Sie können dann ihre Erzeugnisse besser absetzen, die Transportkosten werden verringert und der Verkehr erleichtert. Sie werden aber auch dann vor allem eine Zukunft als Bädergemeinden haben. Die Einwohnerzahl beträgt jetzt für

Born	1 093
Wieck	756
Prerow	1 886

Die Einwohnerzahl ist infolge der wirtschaftlichen Notlage von Jahr zu Jahr zurückgegangen. 1879 zählte Born 1 600 Einwohner, während des Krieges 1 300, Wieck hatte vor dem Kriege über 1 000 Einwohner.

Der Kreisausschuß, der aus eigener Wissenschaft von den unhaltbaren und unglücklichen Wegeverhältnissen auf dem Westdarß unterrichtet ist, hat auf die immer wiederholten dringenden Vorstellungen der Beteiligten sich entschlossen, einen Bauentwurf durch das Kreisbauamt aufstellen zu lassen.

Die Strecke Born—Wieck—Prerow ist 9,650 km lang. Die Baukosten betragen nach dem Entwurf des Kreisbaumeisters Jung insgesamt 535 000,— R=Mk., das sind rund 55 440,— R=Mk. je km.

In erster Linie ist beabsichtigt, den Bau als Notstandsarbeit ausführen zu lassen. Aus diesem Grunde ist auch eine Beton=Chaussee geplant, weil bei der Herstellung der Betonmassen bedeutend mehr Erwerbslose — insbesondere bei den Erdarbeiten ungelernte Arbeiter — beschäftigt werden können. Dem Kreise kommen in diesem Falle die Zuschüsse aus der produktiven Erwerbslosenfürsorge zugute.

Der Stralsunder Regierungspräsident lehnte einen Straßenbau ab und schlug vor, die große Verkehrsnot durch die Schaffung einer neuen Dampferverbindung nach Barth zu beheben. Nach zähen Verhandlungen, bei denen der Plan der Mecklenburgischen Bäderbahn AG von den Darßern gezielt als Druckmittel eingesetzt wurde, sagte die Stralsunder Regierung schließlich doch einer Förderung des Projektes zu.

Am 14.01.1927 legten die drei Darßorte ihr gemeinsames Projekt des Baues einer Chaussee von Prerow über Wieck nach Born dem Kreistag zur Beschlussvorlage vor. Die Begründung ging sehr konkret auf die örtlichen Gegebenheiten der abgelegenen, aber entwicklungsfähigen Dörfer ein: *„Die für den Verkehr namentlich nach Wieck und Born zur Verfügung stehenden Wege können durch keinerlei Verbesserungsarbeiten in einen Zustand gebracht werden, der ihre stets gefahrlose Benutzung für den Frachtverkehr ermöglicht. Bei nassem Wetter sind die Wege unpassierbar. Der an sich leichte Postwagen (Zweispänner) bedarf bei aufgeweichten Wegen eines Vorspannes, um überhaupt an sein Ziel zu kommen. Die Folge dieser trostlosen Wegeverhältnisse ist, daß die an sich sonst von der Natur reich bedachte Gegend verarmt und wirtschaftlich zu Grunde geht."* (Archiv Darß-Museum Prerow)

Die Mitglieder des Kreistages hatten ein Einsehen und beschlossen den Straßenbau unter Punkt 3 ihrer Tagesordnung. Etwa vier Wochen später genehmigte diesen auch der Stralsunder Bezirksausschuss. Die Baukosten für die 9,65 Kilometer lange Straße wurden nach Entwürfen des Kreisbaumeisters Jung auf 535.000 Mark geschätzt. Im Jahr 1930 sollte sie fertig gestellt sein.

Als Belag fand schwedisches Granitpflaster Verwendung. Weil sich der Prerower Bahnhof auf Zingster Territorium befand, wurde bei dem Bauvorhaben ein direkter Anschluss nach dort außer Acht gelassen. Die geplante Trassenführung beschränkte sich auf die Strecke vom Prerower Brückendamm bis zum Borner Schulplatz.

Zwei Monate später, im März 1927, begannen die Vorarbeiten von Prerow in Richtung Wieck. Der Verkehr wurde durch den Wald umgeleitet. Verschiedene Baustoffe wie Schotter, Bord- und Pflastersteine waren von der

Kopframpe des Prerower Bahnhofes abzufahren. Anfangs kamen die Chausseearbeiten zügig voran: *„Die Arbeiten am Bau der neuen Chaussee zwischen Prerow, Wieck und Born schreiten in letzter Zeit erfreulich schnell fort. Die Strecke durch Prerow ist vollständig fertig. Vom Ausgang des Ortes bis zum Walde ist die Steinschüttung gemacht und die Walze zurzeit in Tätigkeit und dürfte diese Strecke auch in baldiger Zeit fahrbar sein.“* (Barther Zeitung Nr. 230; 29.09.1928)

Im Spätherbst 1928 war das erste Teilstück Prerow-Wieck fertiggestellt und für den öffentlichen Verkehr freigegeben. Die Arbeiten an der Reststrecke wurden aufgrund von Geld- und Materialmangel immer wieder unterbrochen.

Weil der Termin zur Fertigstellung der gesamten Chaussee vollkommen in Frage stand, folgte das Stralsunder Reichsbahn-Verkehrsamt dem dringenden Wunsch der Bewohner und richtete bereits zum 1.12.1928 eine Autobuslinie von Born nach Prerow ein. Vertragspartner dieser Linie war die Bornerin Marie Prohn. Sie unterhielt bereits seit vielen Jahren eine kleine Spedition und war für die Fahrpost zuständig. Ihr Sohn Arthur, der das Unternehmen mitführte, übernahm die Buslinie.

Wegesperrung.

Die von Prerow nach Wieck führende Fahrstraße (Wiecker Weg) wird von der Einmündung in die Dorfstraße Prerow bis zum Eintritt in die Staatsforst bis auf weiteres für den Fuhrwerksverkehr gesperrt.

Prerow, den 11. April 1927.

Der Amtsvorsteher.

Haberer.

Zwecks Prüfung der Betriebssicherheit erfolgten auf der Strecke zwei Probefahrten. Erstere unternahm die Polizeibehörde, und drei Tage später fuhren Vertreter der Reichsbahndirektion, Presse und anderer Behörden die Linie ab. Nach Ankunft des Vormittagszuges bestiegen die Herren den bereitstehenden Kraftwagen. *„Die Fahrt ging von Prerow auf der neu erbauten Chaussee in ca. zehn Minuten nach Wieck, vom dortigen Postamt aus mußte der Wagen seinen Weg auf dem Landwege fortsetzen, welcher des schlechten Wetters der* *letzten Tage wegen an manchen Stellen beinahe unpassierbar war, dem Kraftwagen jedoch nennenswerte Schwierigkeiten kaum bereitete."* (Barther Zeitung Nr. 278; 25.11.1928)

In Born eingetroffen nahmen die Herrschaften dort ein Mittagessen ein. Danach unternahmen sie noch eine Probefahrt über die bereits fertige Chaussee auf dem Kuhlenbruch. Um rechtzeitig den in Prerow abgehenden Zug zu erreichen, trat man gegen 3 Uhr nachmittags die Rückfahrt an.

Die zur Abhilfe der großen Verkehrsnot bestimmte Eisenbahn-Kraftwagenlinie wurde dann wie geplant am 1. Dezember eröffnet. Das Fahrzeug, ein 50 PS starker 6-Zylinder-Wagen der Marke *Daimler-Benz*, bot Platz für mehr als zwanzig Personen und besaß eine Heißluftheizung. Arthur Prohn und sein Busfahrer Peter Schlicht aus Wieck unterhielten nun von Born aus dreimal täglich den Anschluss an die Prerower Züge. Zusätzlich übernahm das so genannte Bahnauto die Güterbeförderung.

Über Feldbahngleise wurden die Pflastersteine vom Hafen in den Ort transportiert.

Für die Dauer der Restarbeiten an der Strecke Wieck-Born verlief der Verkehr sehr umständlich und zeitraubend durch den Darßer Wald. Die Oberförsterei Born erklärte sich bereit, während dieser Zeit für eine Befahrbarkeit der dortigen Wege zu sorgen. Der Wunsch vieler Darßer, dass mit der Einführung der Buslinie auch der seit langem eingestellte Abendzug bis Prerow wieder verkehren würde, erfüllte sich nicht.

Nachdem der Kreistag 1929 die Deckung der Restkosten für den Chausseebau bewilligte, wurde mit der restlichen Fertigstellung begonnen. Der Transport der Steine erfolgte nun über den Wasserweg zur Borner Ablage. Nach dem Entladen gelangten sie über Feldbahngleise, die von dort durch den gesamten Ort verliefen, zur Baustelle. Nach einigen Unterbrechungen, unter anderem durch anhaltenden Bodenfrost, war die Neubaustrecke Prerow-Born im April 1930 bis auf die Anpflanzungen der Alleebäume fertiggestellt. Die Abnahme durch den Landbaumeister brachte ein zufriedenstellendes Ergebnis. Sein im Voraus genannter Termin konnte trotz zahlreicher Schwierigkeiten doch noch eingehalten werden.

Vorläufiger Fahrplan für die Eisenbahn-Kraftlinie Prerow—Born

					Eisenbahn-Anschlüsse						
—	—	8.00	12.18	ab	Rostock H.	an	13.30	13.30	16.22	21.10	
—	6.30	8.30	14.01	ab	Stralsund	an	10.34	10.34	14.32	W 20.09	S 19.29
W 6.02	S 7.48	10.28	15.22	ab	Barth	an	W 7.38	S 9.16	13.06	W 18.31	S 18.14
W 6.40	S 8.27	11.09	16.07	an	Prerow	ab	W 7.00	S 8.40	12.20	W 17.46	S 17.30
2		4	6		Kraftwagenfahrten		1		3	5	
W 7.05	S 8.40	11.30	16.30	ab	Prerow	an	W 6.50	S 8.25	11.25	16.10	
W 7.22	S 8.57	11.47	16.47	an	Wieck	ab	W 6.33	S 8.08	11.08	15.53	
—	—	11.51	16.51	ab	Wieck	an	W 6.29	S 8.04	—	15.49	
—	—	12.20	17.20	an	Born	ab	W 6.00	S 7.35	—	15.20	

Fahrplan des Darßer Eisenbahn-Kraftwagens von 1928.

Schon mit der Freigabe des ersten Chaussee-Teilstückes setzte der erhoffte Urlauberstrom in die südlichen Darßdörfer ein. Seit dem Sommer 1929 nahm die Zahl der Fremden stetig zu, und die idyllisch gelegenen Dörfer Wieck und

Born machten sich als *Luftkurort* einen Namen. Der Wiecker Verkehrsverein hatte allen Grund, zufrieden auf das Erreichte zurückzublicken und lobte die neue, für den Ort so wichtige Entwicklung: „*Wo sonst Verfall und Abbruch herrschte, werden halbverfallene Häuser aufgebaut, andere sind neu gestrichen und ausgebessert. Neubauten werden ausgeführt, und werden deren noch mehrere geplant. Man sieht heute deutlich die Behebung der Notlage der Gemeinde, welche durch den Fremdenverkehr möglich war.*“ (Stadt- und Landbote für Ribnitz und Umgebung, Nr. 235; 8.10.1929)

Auch der Postverkehr zwischen den Darßorten profitierte von der neuen Verbindung und erfuhr zugleich eine deutliche Verbesserung. Die bisher durch Privatfuhrunternehmen durchgeführte Beförderung der Postsachen wurde eingestellt. Diese Funktion übernahm der Eisenbahnkraftwagen ab dem 1.06.1930. Da Wieck und Born jetzt werktags zweimal Postverbindung mit dem Fernverkehr hatten, trafen die Briefe und Päckchen ab sofort einen

Der Busfahrer Peter Schlicht mit dem ersten Eisenbahn-Kraftwagen 1928.

Tag früher ein. Ein zusätzlicher am Autobus angebrachter Briefkasten ermöglichte der Schreibpost eine schnellstmögliche Beförderung. Mit dem Ende der alten Darßer Fahrpost sperrte die Forstverwaltung den historischen Wiecker Postweg für die Öffentlichkeit.

Strandstraße in Prerow.

Prerower Langestraße nahe dem Darßwald.

Vor dem Gasthaus „Alter Krug“ in Wieck.

Auf dem Wiecker Müggenberg.

Wiecker Dorfstraße in Richtung des Ortsteiles Jagdhaus.

Mit Kipploren wird das Material für den Chausseebau von der Borner Forstablage abgefahren.

Für den Straßenbau Prerow—Born sind folgende Baustoffe abzufahren:

1. Etwa 2000 to Pflaster- und Bordsteine von Bahnhof Prerow nach Stat. 165—187 (Wiecker Wald), mittlere Transportweise rund 2,2 km
2. etwa 1400 to Pack- und Bordsteine sowie Schotter nach Stat. 167 – 177, mittlere Transportweite rd 1,2 km
3. etwa 3000 to Pack- und Bordsteine sowie Schotter nach Station 187—204, mittlere Transportweite rd. 3,6 km Die Abfuhr muß auf Feldbahn erfolgen, das Gleis sowie sämtliche Transportmittel sind vorzuhalten.

etwa 2000 to Pflaster- und Bordsteine von Bahnhof Prerow oder Barth auf dem Wasserwege nach Born und Verfahren vom Hafen zur Baustelle rund 1 km Baustrecke. In sämtlichen Preisen müssen Umladungs-, Lösch- und Abladekosten enthalten sein.

Eröffnung der Angebote am 17. März d. J. vormittags 11 Uhr.

Barth, den 10. März 1928.

Kreisbauamt.

Brückendamm bei Prerow. Er verbindet die Halbinseln Darß und Zingst.

Ortseinfahrt Hafenstraße in Prerow.

Wiecker Weg in Prerow.

Neue Darßchaussee in Wieck.

Langholztransport auf der Darßchaussee.

Der erste Eisenbahnkraftwagen vor der Borner Oberförsterei.

Chaussestraße in Born.

Ahrenshoop – Ein Grenzdorf zwischen Fischland und Darß

Die Darßer freuten sich über ihre neue Straße, aber vollkommen zufrieden waren sie nicht. Ohne direkten Anschluss an das Festland blieben sie auch weiterhin nach außen isoliert. Mit Baubeginn ihrer Chaussee 1927 forderten die Gemeinden Prerow, Wieck und Born beim Franzburger Kreistag den weiteren Ausbau ihres Straßennetzes. Dies betraf sowohl die Anbindung an die Reichsstraße 195 bei Zingst sowie die Weiterführung der Kunststraße über Born hinaus bis zur Landesgrenze nach Ahrenshoop. Dort wollte man den Anschluss an die ebenfalls in Vorbereitung befindliche Fischlandchaussee erhalten, um den Verkehr mit den mecklenburgischen Badeorten aufnehmen zu können. Doch alle Mühen waren vergeblich.

> **13. Weiterführung der Straße Zingst – Born bis Ahrenshoop.**
>
> Das Projekt hat für den Badeort Ahrenshoop die gleiche Bedeutung wie für die übrigen Darßortschaften die bereits beschlossene Strecke von Zingst nach Born. Da von Mecklenburg der Bau einer Kunststraße bis zur Landesgrenze bei Ahrenshoop geplant ist, so würde das Projekt den Verkehr mit den mecklenburgischen Badeorten vermitteln.

In Ahrenshoop gab es ebenfalls ernsthafte Bemühungen, die trostlosen Verkehrsverhältnisse zu beenden und den Fremdenverkehr in dem idyllisch gelegenen Badeort zu beleben. Im Februar 1927 erfolgte Aufgrund des Vorschlages von Herrn Fischer, dem Besitzer des Hotels *Baltischer Hof*, die Gründung eines Verkehrsvereins. Auch hier verfolgte man als wichtigstes Ziel den Anschluss an die Fischland-Chaussee. Doch die Weiterführung der Betonchaussee blieb aus. Nachdem der Kreis Franzburg/Barth, der den Großteil der Strecke hätte herstellen müssen, kein Geld für die Anbindung an die Darßchaussee zur Verfügung stellte, verweigerte die Mecklenburger Regierung gleichermaßen den Straßenbau bis zur Landesgrenze. Im Frühjahr 1930 stellte die Familie Prohn in Born einen weiteren Autobus in Betrieb und nahm, wenn auch nur für kurze Zeit, eine Kraftwagenverbindung nach Ahrenshoop auf. Es verkehrte ein 15 Sitzplätze fassender Dux-Wagen pünktlich um 9.20 Uhr vormittags ab dem Borner Schützenhaus. Seine Jungfernfahrt legte der gut besetzte Autobus trotz des schlechten Waldweges in nur 25 Minuten zurück: *„Die Wegestrecke Born-Ahrenshoop wird, zumal von Kraftwagen, seit Fertigstellung der Chausseen Prerow-Born und Ribnitz-Wustrow stärker denn je beansprucht; da ihrer Chaussierung wegen mangelnder Geldmittel vorerst nicht*

Auf dem Weg zur Ahrenshooper Kuhweide.

gedacht werden kann, wäre es sehr dankenswert, wenn die Forstverwaltung und die Gemeinden Ahrenshoop und Born ihr Möglichstes zur Verbesserung dieses Weges täten; an einer Hebung des Verkehrs kann beiden Gemeinden ja nur gelegen sein.“ (Barther Zeitung Nr. 132; 7.06.1930)

Mit dem Ziel, doch noch eine durchgehende Landstraße über die gesamte Halbinsel herzustellen, richteten die Gemeinden Althagen und Ahrenshoop im August 1934 ein gemeinsames Schreiben an die Berliner Reichskanzlei. Wie am Ende der 1920er Jahre geplant, forderten sie Darß- und Fischlandchaussee durch den Bau einer Zwischenstrecke miteinander zu verbinden: *„Sie könnten aber durch den Ausbau der zwischen ihnen, gleichsam im Urzustande, belassenen Strecke von etwa 11 km eine bedeutsame Verkehrsfunktion erhalten, nach Art der früher einmal geplanten Bäderbahn. Das dann entstehende durchlaufende Verkehrsband brächte alle Badeorte in bequeme wechselseitige Beziehungen und wäre eine Quelle des Aufschwungs*

Zwischen dem Ahrenshooper Schifferberg und der Kuhweide entstand eine neue Kolonie.

nicht nur für diese Badeorte selbst und die übrigen ihnen benachbarten Ortschaften, sondern auch für die Landstadt Ribnitz i./Meckl. und die Kreisstadt Barth i./Pom., die beide in erster Linie für den Einkaufsbedarf in Betracht kommen.“ (Kreisarchiv Ribnitz, Rep. 6/8)

Fritz Wegscheider.

Ebenso sollten die Hansestädte Rostock und Stralsund, so sahen es die Verfasser des Schreibens, durch diese Entwicklung günstig beeinflusst werden. Auch dieser Vorstoß zu der erhofften Verbindungsstraße Niehagen-Born scheiterte zum größten Teil an der schlechten Finanzlage des Kreises Franzburg/Barth.

Angesichts der schlechten Anbindung ihres Grenzdorfes eröffnete die preußische Reichsbahndirektion Stettin am 1.02.1935 für einige Zeit eine Güterkraftlinie zwischen Ahrenshoop und dem Bahnhof Ribnitz. Sie verlief restlos über mecklenburgisches Gebiet. Nicht einmal der letzte Haltepunkt dieser Linie befand sich im preußischen Ahrenshoop. Wegen der schlechten Straße wurde dieser von vornherein nach Althagen verlegt.

Im Frühjahr 1938 beantragte der Ahrenshooper Bürgermeister eine Verlängerung der 1929 eingeführten Reichskraftpostlinie Ribnitz-Wustrow, wogegen das Schweriner Ministerium keine Bedenken erhob. Was ursprünglich für die Dauer der jeweiligen Badesaison gedacht war, lief auch über das Winterhalbjahr an bestimmten Wochentagen weiter. Die Entfernung zur Endhaltestelle am Ribnitzer Bahnhof betrug 23 Kilometer und eine Fahrt dauerte im Schnitt 1 Stunde und 15 Minuten.

Daneben verkehrten bis zum Beginn des Zweiten Weltkrieges insgesamt sechs kleinere private Personenwagen zum Fischland. Einen so genannten Mietwagen stationierte auch die Ahrenshooper *Bunte Stube*, noch heute das bekannteste Geschäft des Ortes. Mit einem sandfarbenen Ford, der an seiner Windschutzscheibe die Aufschrift Ahrenshoop trug, unterhielt der Fotograf

Fritz Wegscheider zwischen 1931 und 1938 die Autoverbindung mit dem Festland. Wenn der schwere Krankenwagen wieder mal im Schlamm der unbefestigten Strecke Niehagen-Born versunken war, übernahm er für diesen mehrfach den Transport zur nächsten Klinik. Weil Fahrzeug und Kraftfahrer auch im Winter durchkommen mussten, gehörten Geländereifen, Schaufel und Schneeketten zur ständigen Ausrüstung des Wagens.

An der Kreuzung zur Ribnitzer Bahnhofstraße.

Drucksache

Falls keine
Marke,
so senden

Autovermietung
Ahrenshoop

Ostseebad **Ahrenshoop**

auf Fischland

Reservierungskarte für eine Fahrt mit dem Mietwagen (Taxi) von Fritz Wegscheider.

Ich treffe am .... mit dem

Zuge .... in Ribnitz ein.

Ich bestelle hiermit .... Plätze.

Ich bestelle hiermit .... ganze ...... Wagen.

Wohne bei ....

in Ahrenshoop — in Althagen.

Gepäckstücke ....

Nichtzutreffendes bitte streichen!

Der erste Busunfall auf dem Darß

Entgegen anfänglicher Erwartungen gestalteten sich die Darßer Busverbindungen wenig rentabel. Aus zwei Fahrzeugen wurde schnell wieder eins, und nach wiederholter Pfändung des verbliebenen Kraftwagens entschloss sich die Reichsbahndirektion zu einer Aufhebung des Vertrages mit der Familie Prohn. In diesen trat dann ein Stralsunder Unternehmer ein, der Hauptmann a. D. Otto von Doemming. Ab Montag, dem 23.02.1931, übernahm sein *Omnibus-Überland-Verkehr* (OÜV) die Verbindung Prerow-Born. Für den neuen Betreiber stand dieser Wechsel unter keinem guten Stern. Bereits am zweiten Tag nach Übernahme der Linie verunglückte der neu eingestellte Kraftwagen des OÜV. Nach der fahrplanmäßigen Abfahrt vom Bahnhof Prerow versagte bei einer Geschwindigkeit von 40 Stundenkilometern die Steuerung des vollbesetzten Busses. Der Fahrer bremste zwar, konnte das Fahrzeug aber nicht mehr rechtzeitig zum Stehen bringen und rutschte etwa einen Kilometer vor Wieck, kurz vor der so genannten Ellenbogenkurve, nach rechts in den Straßengraben. Dabei fiel der Bus auf die Seite und blieb mit der Tür nach unten liegen. Erst nach dem Zerschlagen der Scheiben gelangten die Fahrgäste ins Freie, glücklicherweise kam die Mehrzahl von ihnen mit kleineren Schnittwunden und einem Schrecken davon. Einige Insassen mussten ärztlich versorgt werden, jedoch setzten später alle ihre Reise fort.

An der Unfallstelle traf noch am selben Tag eine Gerichts- und Sachverständigenkommission ein. Diese stellte nach eingehender Untersuchung des Kraftwagens ein Brechen der Steuerschaltstange als Unfallursache fest, ein Verschulden des Wagenführers konnte ebenso wie die anfänglich befürchtete Sabotage ausgeschlossen werden. Der Unglücksbus wurde mittels Pferdekraft aus dem Straßengraben gezogen und nach Anbringen einer neuen Steuerung fuhr der lädierte Wagen eigenständig zum Bahnhof Prerow zurück. Am Folgetag stand ein Ersatzfahrzeug bereit.

Nach diesem Unglück brodelte die Gerüchteküche noch eine ganze Weile, doch bald darauf begannen die Darßer die Vorteile ihres neuen Busunternehmens zu schätzen. Wegen ihrer zuverlässigen Fahrzeuge und der pünktlichen An- und Abfahrtszeiten genoss die Linie Zeit ihres Bestehens einen sehr guten Ruf. Wegen der ab 1937 rasant ansteigenden Gästezahlen setzte Otto von Doemming einen neuen und wesentlich moderneren 30-sitzigen Omnibus ein.

Busunglück zwischen Prerow und Wieck mit einigen Leichtverletzten im Februar 1931.

Neben dem Darßer Eisenbahn-Kraftwagen wird das Fuhrwerk des Prerower Speditionskutschers Gustav Niemann beladen.

Haltestelle vor dem Güterschuppen auf dem Bahnhof Prerow.

KdF-Sonderfahrt.

Zur Bewältigung der Badesaison setzte die Firma Doemming 1937 einen neuen 30-sitzigen Omnibus ein.

Zwei Busunternehmen auf einer Linie

Zur Freude vieler Fahrgäste, die seit langem auf eine Alternative zum bestehenden Zugverkehr gewartet hatten, eröffnete der Barther Unternehmer Robert Mau im Frühjahr 1928 eine private Autobusverbindung von Barth nach Zingst. Trotz attraktiver Verbindungen blieb sein Erfolg aus. Nicht zuletzt wegen des schlechten Straßenzustandes innerhalb der Ortschaft Zingst. Der Bus bewegte sich wegen der vielen schadhaften Stellen nur selten in das Dorf hinein. Meistens verkehrte er bis zum Ende der Kreisstraße.
Um seine Unkosten zu decken, musste Robert Mau sein Angebot erweitern. Schließlich beantragte er beim Stralsunder Regierungspräsidenten eine Erweiterung seiner Kraftwagenlinie nach Bodstedt und Fuhlendorf, was dieser wegen eines Einspruchs der Reichsbahn ablehnte. Durch das Fortbestehen und den Ausbau seiner Linien befürchtete man eine unliebsame Konkurrenz zur Darßbahn. Aus diesem Grund behielten sie sich zukünftig den Betrieb einer eigenen Kraftwagenlinie auf diesen Strecken vor. Wie angekündigt führte die Reichsbahndirektion Stettin zu Pfingsten des folgenden Jahres den Eisenbahn-Kraftwagenverkehr auf den Strecken Barth-Zingst und Barth-Fuhlendorf ein. Betreiber dieser Linie war der Barther Schlossermeister und Fahrschulbetreiber Max Wendt. Wendt unterhielt die Verbindungen mit einem Mercedes-Benz-Großomnibus. Dieses von der Rostocker Daimler-Benz Filiale gelieferte Fahrzeug auf Niederrahmen besaß einen Sechszylindermotor, eine

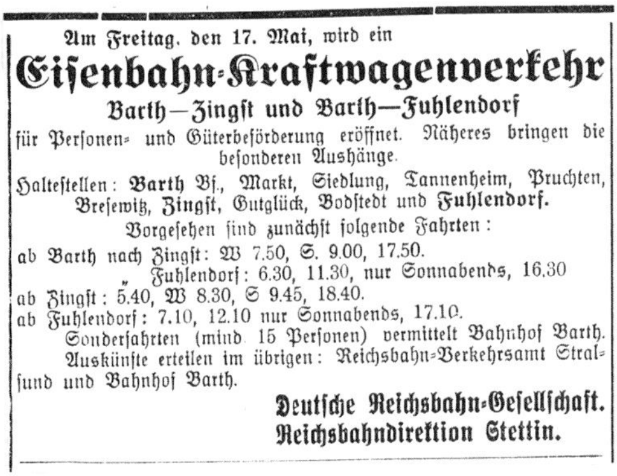
Am Freitag, den 17. Mai, wird ein

Eisenbahn-Kraftwagenverkehr

Barth—Zingst und Barth—Fuhlendorf

für Personen- und Güterbeförderung eröffnet. Näheres bringen die besonderen Aushänge.

Haltestellen: **Barth** Bf., Markt, Siedlung, Tannenheim, Pruchten, Bresewitz, **Zingst**, Gutglück, Bodstedt und **Fuhlendorf**.

Vorgesehen sind zunächst folgende Fahrten:

ab Barth nach Zingst: W 7.50, S. 9.00, 17.50.
„ Fuhlendorf: 6.30, 11.30, nur Sonnabends, 16.30
ab Zingst: 5.40, W 8.30, S 9.45, 18.40.
ab Fuhlendorf: 7.10, 12.10 nur Sonnabends, 17.10.

Sonderfahrten (mind. 15 Personen) vermittelt Bahnhof Barth.
Auskünfte erteilen im übrigen: Reichsbahn-Verkehrsamt Stralsund und Bahnhof Barth.

Deutsche Reichsbahn-Gesellschaft.
Reichsbahndirektion Stettin.

Barther Zeitung vom 17.05.1929

gediegene Innenausstattung und 28 bequeme Sitzplätze. Große Reifen sowie eine breite und lange Federung sollten ein angenehmes Fahren auch bei höheren Geschwindigkeiten ermöglichen. Eine Probefahrt brachte die Teilnehmer nach Fuhlendorf. Im Gasthaus Krull, unmittelbar an der Wendeschleife, legten sie eine Rast ein und setzten anschließend die Fahrt nach Zingst fort. Von hier ging es dann nach kurzem Aufenthalt zurück nach Barth. Dass die Neueinrichtung dieser Linie zu Recht bestand, belegte neben dem Fahrgastaufkommen die große Anzahl der transportierten Stückgüter. Robert Mau besaß für seine Linie nun keine offizielle Erlaubnis mehr, also betrieb er sie illegal weiter. Da er an keinen festen Fahrplan mehr gebunden war, lief er die Haltestellen einfach kurz vor dem Eintreffen des Bahnautos an und nahm die über das frühe Eintreffen erfreuten Fahrgäste auf.

Endhaltestelle des Eisenbahn-Kraftwagenverkehrs vor dem „Gast- und Logierhaus Krull“ in Fuhlendorf.

Die Reichsbahn duldete das natürlich nicht und setzte viel daran, den unliebsamen Konkurrenten loszuwerden. Nachdem ihm diese Vorgehensweise mittels polizeilicher Anordnung strengstens untersagt wurde, richtete der wendige Unternehmer einfach einen *Hotel-Kraftverkehr* zwischen Barth und Zingst ein und fuhr unbeeindruckt weiter. Da Max Wendt im Herbst 1931 seine Vertragspflichten wegen Unzuverlässigkeit verletzte, sah sich die Reichsbahndirektion gezwungen ihm die Zusammenarbeit zu kündigen. Am 1. Dezember des Jahres wurde die Betriebsführung schließlich an den hartnäckigen und zuvor so unbeliebten Robert Mau übertragen. In den ersten Kriegsjahren wurde die Verbindung eingestellt. Später übernahm Robert Mau die Linie des Stralsunder OÜV als Betriebsführer. Sein Busfahrer wurde Erich Erdmann aus Born.

Der Eisenbahn-Kraftwagen passiert die Meiningenbrücke.

Verkehrsprojekte auf der Halbinsel Zingst

Die Zingster Straßensituation entsprach in den 1920er Jahren keinesfalls der eines aufstrebenden Ostseebades, doch im Gegensatz zu den anderen Ortschaften der Halbinsel hatte man dank der Reichsstraße 195 nach Barth eine zuverlässige Anbindung an das pommersche Festland. In das Dorf selber hineinzufahren war selbst kleineren Fahrzeugen oftmals nicht möglich. Viele Kraftfahrer mussten ihren Wagen vor Zingst stehen lassen und den Ort zu Fuß aufsuchen. Durchreisende waren besser beraten den Bahnanschluss nach Prerow zu nutzen, anstatt sich bei der Tour in Richtung Darß der Gefahr auszusetzen, ihr Fahrzeug vollständig zu ruinieren.
Nachdem 1926 auf dem Darß in Sachen Straßenbau einiges in Bewegung geraten war, beantragte der Prerower Bürgerverein beim Kreistag den Bau einer festen Straße nach Zingst.

Darßer Weg in Zingst.

Doch die Kosten der bereits in Planung befindlichen Darßchaussee Prerow-Born waren so erheblich, dass seitens des Kreises von dem Projekt Prerow-Zingst vorerst Abstand genommen wurde. Sie bestätigten den Prerowern, dass ein ausbleibender Straßenbau die durchgehende Straßenverbindung zwischen dem Darß und der Kreisstadt Barth unterbrach, wiesen aber in der Ablehnung darauf hin, dass auf dieser Line die Darßbahn verkehrte.

Nachdem in den folgenden zwei Jahren weitere Anträge auf unbestimmte Zeit verschoben wurden, konzentrierte sich die Zingster Gemeindevertretung auf die Verbesserung der Straßenverhältnisse innerhalb der Ortschaft. Als erstes widmeten sie sich dem Verlauf ihrer Hauptstraße. Weil ein stärkeres Ansteigen des Fahrzeugverkehrs in der Dorfmitte immer absehbarer wurde, bemühten sie sich frühzeitig um eine den Anforderungen gerechte Durchgangsstraße. Zunächst gewährte man der Straßenführung Neue Reihe-Hoppenberg-Darßer Weg den Vorzug. Bei der endgültigen Festlegung einigten sich die Zingster darauf, ihre Hauptstraße doch lieber entlang der Strandstraße über den Fischmarkt zu führen. Darüber hinaus brachten die Zingster einen Straßenbau nach Pramort zur Anregung, über den sie mit Vertretern der dortigen Ortschaften intensiv Rücksprache hielten. Um vielen Erwerbslosen eine Beschäftigung zu vermitteln, führte der Reichsarbeitsdienst in den Jahren 1933/34 einen Ausbau des Weges Zingst-Prerow aus. Nach gültigem Wegerecht oblag die Unterhaltung dieser Strecke den Anliegern, zu denen neben den Ostseebädern auch noch Forst- und Wasserbauamt zählten. Wegen der

Bekanntmachung.

Wegen Ausführung von Straßenbauarbeiten an dem öffentlichen Wege von Zingst nach Prerow wird dieser Weg ab sofort für Lastkraftwagen jeder Art, für Omnibusverkehr und schwere Lastfuhrwerke vorübergehend gesperrt. Uebertretungen werden zur Anzeige gebracht und bestraft. Sperrtafeln sind aufgestellt.

Barth, den 18. Januar 1934.

Der Landrat des Kreises Franzburg-Barth.

J. V.: gez. Schröder, Kreisinspektor.

begrenzten Finanzmittel von 35.000 Mark entstand zwischen Bahngleis und Seedeich lediglich eine 3,50 Meter breite Lehmkieschaussee. Dabei wurden die tiefen und zahlreich vorhandenen Schlaglöcher mit Schlacke ausgebessert. Mit der Fertigstellung dieses Weges bemühte sich die Reichsbahnverwaltung darum, ihre Kraftwagenlinie mit Robert Mau bis Prerow zu verlängern. Nach einigem Hin und Her erfolgte dann am 1.05.1934 die Freigabe der Lehmkieschaussee für Großfahrzeuge. Das Kreisbauamt erhob bei einer Höchstgeschwindigkeit von 30 km/h keine Bedenken, hielt jedoch einen Autobusverkehr über Winter für unmöglich. Schon nach kurzer Zeit zeigte sich erneut, dass die Zuständigkeit der Wasserbauverwaltung zu Recht bestand. Infolge des nassen Untergrundes war der Weg nach kurzer Zeit ebenso ausgefahren wie in den Jahren zuvor. Der minderwertige Zustand der Straße sorgte immer wieder für eine Einstellung des Busverkehrs.

Neben dem Bahndamm Prerow-Zingst verlief die staubige, mit Schlaglöchern übersäte Lehm- Kieschaussee.

Um die desolate Straßensituation endgültig zu beseitigen, fand einige Jahre später, am 23.08.1938, in der Geschäftsstelle der Stralsunder Handelskammer eine Zusammenkunft aller Anlieger des Weges Zingst-Prerow statt. Alle Anwesenden legten ihre Standpunkte offen. Der Darßer Forstmeister Mueller gab dabei ein bereits vorhandenes Interesse der 1935 neu gegründeten Wehrmacht an diesem Vorhaben bekannt. Abschließend einigten sich die Teilnehmer auf einen erneuten Ausbau des Weges.

Neben dem Bahndamm Prerow-Zingst verlief die staubige, mit Schlaglöchern übersäte Lehm-Kieschaussee. Am Ortsausgang von Prerow erhebt sich deutlich sichtbar die Hohe Düne.

Bei der Art der Herstellung wurde sich vor allem an der benachbarten Fischlandchaussee orientiert, weil man sie bei ähnlich schwierigen Bodenverhältnissen erbaut hatte. Nur in fester Ausführung würde sie als eine Verlängerung der Reichsstraße 195 gelten. Um den Status einer Reichsstraße zu erfüllen, war mittlerweile eine Chausseebreite von 7,50 Metern erforderlich. Wegen notwendiger Einsparungen sah der ausgearbeitete Entwurf nur eine Betonchaussee von 6,00 Metern Breite vor, die etwa 600.000 Mark kosten sollte. Über die Höhe der finanziellen Beteiligungen verhandelten die Anlieger noch einige Jahre weiter.

Mit Beginn des Zweiten Weltkrieges wünschte Pommerns Gauleiter Franz Schwede-Coburg die baldige Inangriffnahme der Arbeiten, zu denen nun Kriegsgefangene herangezogen werden sollten. Im Februar 1943 teilte das Landratsamt die Zurückstellung der Angelegenheit mit, da nach dortiger Ansicht der geplante Neubau erst nach Kriegsende zur Durchführung kommen konnte.

Bis zur Einweihung der Darßbahn 1910 verlief der Landweg nach Zingst direkt am Prerower Strom entlang.

Prerower Straße in Zingst.

Blick von Zingster Seedeich auf die Strandstraße.

Ankunft der Badegäste.

Im Pahlen.

Alte Jordanstraße in Zingst.

Straßenbau für die Wehrmacht

Mitte der 1930er Jahre begann auf der Halbinsel Zingst die Errichtung eines Garnisonstandortes der Luftwaffe. Diese Entwicklung versetzte den bis dahin ruhenden Straßenbauprojekten einen unerwarteten Anstoß. Auf Veranlassung der Wehrmacht erfolgte ab 1937 ein Großangelegter Ausbau des Dorfes Zingst mit Betonchausseen, für deren Kosten die Gemeinde nur zu einem geringen Teil aufkommen musste: *„Eine Beton – Kunststraße wird durch den Ort gebaut. Die hierfür notwendigen Untergrundmaterialien werden durch einen Greifer aus der Nähe von Zingst beschafft. Eine Explosionsramme stampft den Untergrund für die Straße fest, worauf dann die Betonmischung aufgetragen wird. Für alle Autofahrer, die diesen Teil der Straße befahren werden, wird diese Neuerung eine große Freude sein.“* Pommersche Zeitung Nr. 178; 1. Juli 1937 Als direkte Anbindung von der *Barther Straße* zur neuen Kaserne am Hägerende erfolgte der Ausbau der *Jordanstraße*, die mit dem Tag ihrer Fertigstellung *Ludendorffstraße* hieß. An diese südliche Ortsumgehung schloss sich mit fünf Häuserzeilen und dem in der Mitte befindlichen *Zeppelinplatz* eine beschauliche Wohnsiedlung für Militärangehörige an. Als dringend notwendig erachtet wurde auch die bessere Zufahrt zum Bahnhof. Deshalb verlängerte man 1938 die *Bahnhofstraße* über die *Neue Reihe* hinaus an die *Strandstraße*, wofür zahlreiche Grundstückskäufe und Enteignungen notwendig waren.

Straßenbau in der Zingster Strandstraße.

Der Neubau der *Strandstraße* schuf dann die Verbindung zwischen *Bahnhofstraße* und *Jordanstraße*. Zusätzlich erwirkte die Gemeindeverwaltung deren Weiterführung bis an die *Seestraße* heran, was den Anschluss zum wichtigsten Strandübergang und die Prerower Kieschaussee zugleich bedeutete. Die *Jordanstraße*- Ecke *Hafenstraße* als Betonchaussee zum Hägerende um 1938. Beschäftigt waren verschiedene Baufirmen, unterstützt durch den im Ort stationierten Reichsarbeitsdienst. Am 19.11.1937 wurde das erste Teilstück des Gesamtneubaus freigegeben. Dabei fuhr der Landrat des Kreises Franzburg/Barth die Strecke in seinem Wagen ab. Als eines der ersten Ostseebäder legte sich Zingst eine moderne Straßenbeleuchtung mit Quecksilberdampflampen zu. In der neuen Siedlung um den *Zeppelinplatz* bezog unter anderem die Bauleitung der Luftwaffe,

Jordanstraße - die neue Betonstraße zum Hägerende.

eine Außenstelle des Luftwaffenbauamtes Stralsund, ihr Quartier. Diese errichtete auf dem Gebiet Sundische Wiese - Pramort ein großflächiges Übungsgelände. Nach der fast vollständigen Entsiedlung der Bewohner zum 1.06.1937, nur einige Gehöfte von Sundische Wiese lagen außerhalb, nutzte die Wehrmacht das Gebiet zum Übungsschießen und als Bombenabwurfgelände. Der Übungsplatz, der den Namen *Zingst* trug, erhielt ebenfalls eine Verkehrsanbindung. Die Wehrmacht veranlasste den Bau einer Kopfsteinpflasterstraße von vier Metern Breite. Die Trasse verlief auf dem *Müggenburger Weg* in weitem Bogen südlich um den Osterwald herum bis zum Forsthaus Sundische Wiese. Von dort aus führten Betonstraßen zu den Feuerstellungen am *Dreiländereck* und nach Pramort. In jenen Jahren zeigte sich fast die gesamte Halbinsel Zingst als eine einzige Großbaustelle. Schüttgut und Pflastersteine kamen in Schuten vom Festland herüber und wurden im Zingster Hafen sowie in Müggenburg entladen. Nach dem Verlegen von Feldbahngleisen brachte dann eine kleine Diesellok mit ihren Kipploren das Material vor Ort. Von der für diesen Zweck neu erbauten Anlegebrücke in Müggenburg pendelte ein Lorenzug entlang der Baustelle. Ab dem 5.06.1937 ging das Übungsgelände in die Verwaltung des Reichsluftfahrtministeriums über. Die gesamte Fläche wurde für die Öffentlichkeit gesperrt und ein Betreten nur mit einem Ausweis der Bauleitung gestattet. Zwei Jahre später ordnete der Oberpräsident der Provinz Pommern mit Wirkung zum 1.04.1939 den Zusammenschluss des restlichen Teils der Gemeinde Sundische Wiese mit Müggenburg zur Gemeinde Müggenburg an.

Bahnhofstraße in Zingst.

Kreuzung Strandstraße-Jordanstraße mit Abzweig nach Barth.

An der Schranke vor der Meiningenbrücke.

Marktplatz in Barth.

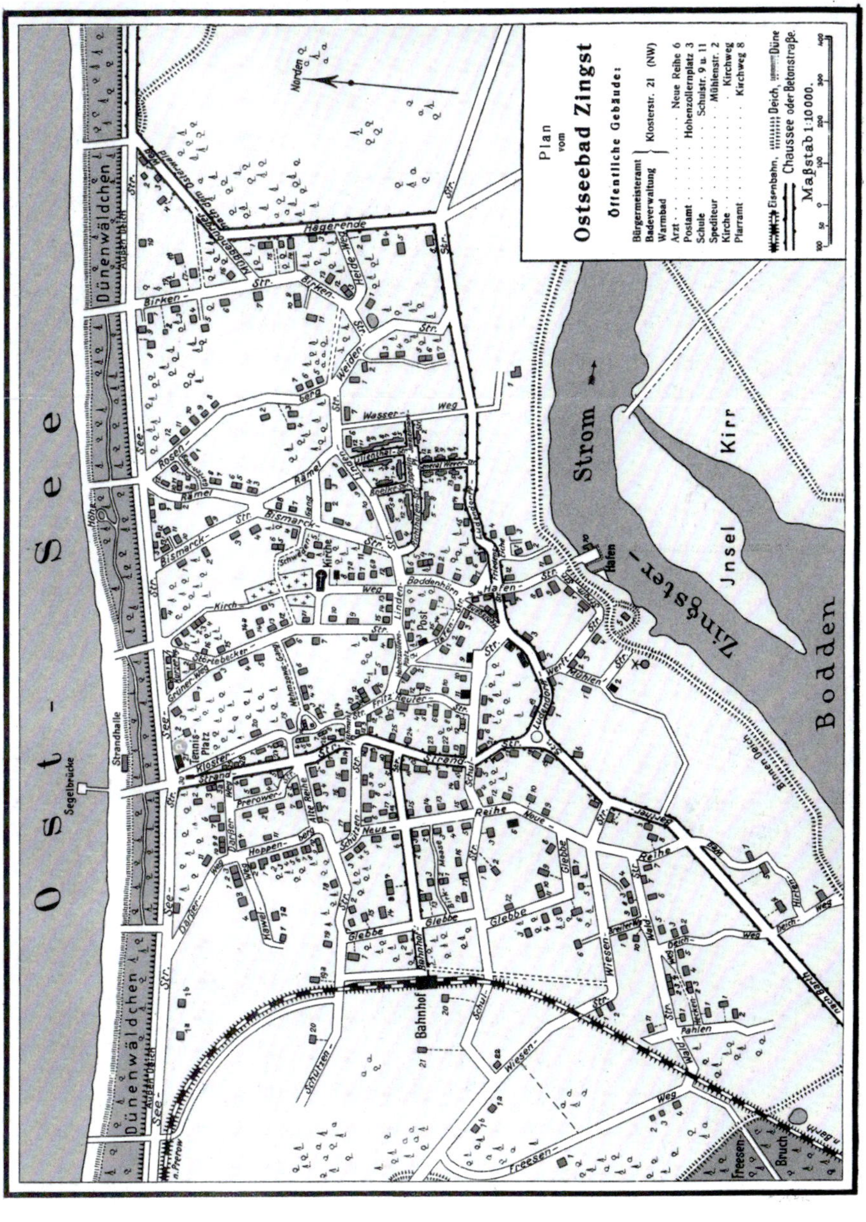

Plan vom Ostseebad Zingst
Öffentliche Gebäude:
Bürgermeisteramt
Badeverwaltung
Klosterstr. 21 (NW)
Warmbad
Arzt . . . Neue Reihe 6
Postamt . . . Hohenzollernplatz 3
Schule . . . Schulstr. 9 u. 11
Spediteur . . . Mühlenstr. 2
Kirche . . . Kirchweg
Pfarramt . . . Kirchweg 8
Eisenbahn, Deich, Düne
Chaussee oder Betonstraße
Maßstab 1:10000.
Ost - See
Dünenwäldchen
Strandhalle
Segelbrücke
Strom
Zingster - Bodden
Insel Kirr
Hafen
Kirche
Post
Bahnhof
Norden

Der Darßwald als Urwildpark

Mit der Machtübernahme der Nationalsozialisten 1933 erklärte das Forstamt Born das gesamte Waldgebiet der Halbinsel mit Ausnahme des Autoverkehrs auf der Hauptstraße für gesperrt. Im Jahr darauf veranlasste das Preußische Staatsministerium die Schaffung eines Naturschutzgebietes. Reichsjägermeister Hermann Göring ließ sich nördlich der Rehberge, ganz in der Nähe des Weststrandes, ein Jagdhaus erbauen. Wegen der unberührten Natur und dem urwaldartigen Charakter hatte er sich dazu entschlossen, im Darßer Wald einen Wildpark einzurichten. Zur Durchführung dieser ruhmsüchtigen Pläne erfolgten zahlreiche, oft erzwungene Landkäufe; dadurch konnte das Naturschutzgebiet innerhalb kurzer Zeit deutlich vergrößert werden. Es folgte eine Umzäunung des Darßer Waldes zu einem großen Gehege. Darin wurden Elche, Wisente und Muffelwild ausgesetzt. Seit 1934 verlief die Hauptstraße durch den Wald über Born und Wieck nach Prerow. Um einen ungehinderten Verkehr durch das Naturschutzgebiet ohne ein Auswechseln des Wildes zu ermöglichen, ließ das Reichsjagdamt durch die AEG an den Hauptstraßen so genannte akustische Tore aufstellen. Beim langsamen Einfahren öffnete sich nach dem Durchbrechen der ersten Lichtschranke das Tor selbstständig und schloss sich sogleich wieder. Das ermöglichte jedem Verkehrsteilnehmer eine unterbrechungsfreie Fahrt. Zwar musste man die Geschwindigkeit

verringern, umständliches Öffnen und Schließen aber entfiel. Um das Wild von dieser Einrichtung fernzuhalten, ertönte zugleich eine kräftige Hupe. Innerhalb des Geländes wurde aus Sicherheitsgründen eine Höchstgeschwindigkeit von 30 km/h eingeführt. Der Lebensraum dieser Wildarten ließ sich jedoch nicht dauerhaft auf dieses verhältnismäßig kleine Waldgebiet eingrenzen. Immer wieder kam es vor, dass die Tiere ihr vorgesehenes Gehege verließen und entlang der Halbinsel auf Wanderschaft gingen. Während sich die Bewohner recht schnell an die eher gemütlichen Elche gewöhnt hatten, sorgte die Herde der urigen Wisente in der Umgebung der Ortschaften für große Aufregung.

Einfahrt in das „Naturschutzgebiet Darß" am Vordarß bei Ahrenshoop.
Die Hauptstraße führte durch den Wald über Born und Wieck nach Prerow.

Wildwechsel zwischen Zingst und Prerow.

Wisentherde am Darßer Leuchtturmweg.

Einfahrt in das Großwildgatter. Akustisches Tor auf der Darßchaussee zwischen Prerow und Wieck.

Prerow, Einfahrt zum Leuchtturmweg.

Küsterweg bei „Drei Eichen“ um 1935.

Gespann der Borner SS-Hundeschule.

Reichsjägermeister Hermann Göring auf dem Darß im Juni 1936.

Linienbusse mit Eigennamen

Nach dem Ende des zweiten Weltkrieges wurde die Entwicklung von Eisenbahn und Binnenschifffahrt innerhalb des neu entstandenen Küstenbezirks Rostock zurückgestellt. Die Erschließung des Verkehrs sollte unter Mithilfe von Kraftwagen gelingen. Das vorhandene Landstraßennetz wurde neu gegliedert und ausgebaut.

Nach der Einstellung der Bahnverbindung Barth-Prerow plante die Deutsche Reichsbahn zunächst die Wiedereinführung eines Kraftwagenverkehrs nach Zingst und Prerow, was jedoch nicht gelang. Aus der Not heraus gründete sich in Zingst eine Autotransportgemeinschaft, kurz ATG, die dort auch ihren Hauptstandort hatte. Diese Organisation konnte viel guten Willen, aber leider nur einen bescheidenen Fahrzeugpark aufweisen. Sie setzten die wenigen, noch verbliebenen Lastkraftwagen und andere Fahrzeuge aus Zingst, Prerow, Wieck und Born ein und transportierten neben Lebensmitteln und Kohlen manchmal auch einige Fahrgäste. Wegen des allgemeinen Kraftstoffmangels rüstete ein Teil der Fahrzeugführer der ATG ihre Fahrzeuge auf Holzgasgeneratoren um. Mit dem Aufbau erster Buslinien zur Halbinsel Fischland-Darß-Zingst trat eine Besonderheit in der Geschichte des Kraftwagenverkehrs auf. Wie sonst eigentlich nur bei Schiffen üblich, bekamen damals alle Autobusse, die in der Region verkehrten, einen eigenen Namen. Deutlich sichtbar außen angebracht waren

„Heimatland“.

die Linienbusse und ihre Namen bald das Markenzeichen der hiesigen Küstenlandschaft. Bereits im Juni 1947 konnten sich die Zingster Einwohner über eine Busverbindung nach Barth freuen, die der in der Boddenstadt ansässige Omnibus- und Fuhrbetrieb von Heinz Schütt mit seiner *Heimat* übernahm. Kurze Zeit nach Einführung der Fahrten von Barth nach Zingst wurde die Linie bis nach Prerow erweitert. Zwischen Barth und Zingst kam anschließend noch ein zweiter Omnibus, die *Heimatland*, zum Einsatz. Zugleich begann in diesem Jahr der überaus wichtige Linienverkehr zwischen dem Darß/Zingst und Stralsund, den der Busunternehmer Willi Borgwardt mit seinem *Ostsee-Express* unterhielt. Endlich wurden auch Wieck und Born wieder angefahren. Hinzu kam *Roter Falke*, der auf der Linie Stralsund-Richtenberg-Barth-Born verkehrte.

Mit dem „Ostsee-Express" begann das Stralsunder Busunternehmen Willi Borgwardt seine Linienfahrten zum Darß.

Im Dezember 1948 erhielt sein Kraftfahrer Otto Möller die Konzession für eine eigene Buslinie. Mit Unterstützung der Firma Borgwardt baute er einen durch Kriegseinwirkung zerstörten Chevrolet-Bus wieder auf. Ab dem Frühjahr 1949 unterhielt Otto Möller seine regelmäßigen Fahrten zwischen Stralsund und Born. Die harten Holzbänke der *Möwe* konnten die große Freude der Darßer über diese Omnibuslinie nicht trüben. Endstation der langen Reise war der *Borner Hof* am Ende der Borner Chausseestraße. Endlich hatten Darß und Zingst wieder einen direkten Anschluss an die Ferienzüge aus Berlin, Dresden und Leipzig. Die Post unterhielt die Linie Barth-Born mit einem eigenen Fahrzeug. Von Ribnitz aus verkehrten vier Linienbusse in Richtung Fischland: Die *Möwe* von Erich Goldenbogen und der *Fischland-Express* des Busunternehmers Ewald Johannsen mit gesondertem Gepäckwagen sowie Robert Schumann aus Althagen mit dem *Susewind*. Neben diesen bekannten Großkraftwagen unterhielt auch noch ein gelber Postbus den Brief, Paket- und Personenverkehr. In den Jahren nach der Gründung der Deutschen Demokratischen Republik im Oktober 1949 wurden die privaten Transportunternehmen bis auf wenige Ausnahmen verstaatlicht. Unter den zwei ersten Hauptlinien des in Ribnitz ansässigen *VEB-Kraftverkehr* befand sich die Bäderlinie Ribnitz-Ahrenshoop. 1955 hatte der sich rasch entwikkelnde volkseigene Betrieb die privaten Busunternehmen beinahe vollständig verdrängt. Von der letzten Fahrt des über viele Jahre eingesetzten *Susewind* ist folgende

Der Stralsunder Busfahrer Otto Möller 1948.

Erzählung überliefert: *„Es war an einem Sommertag, als brütende Julihitze über dem Ostseeland lag. Susewind stand wie immer am Bahnhof in Ribnitz, aber er keuchte jämmerlich. „Mein letztes Stündlein" schien es im Motor zu heulen. Das Kühlwasser kochte, die Motorhaube stand geöffnet. Jeder der Wartenden hätte einmal einen Blick in Susewinds Herz werfen können, aber keiner tat es und als der Berliner D-Zug eingetroffen war, rasten die eben Angereisten vom Bahnhof zum Omnibus hinüber und bestürmten seine PS. Die Trittbretter, das Dach, der Kofferanhänger, der Gang, die hölzernen Bänke und die beiden Türen quollen über vor Lasten.... „Ta-ta-tack" machte Susewind und setzte sich schaukelnd in Bewegung. Die Menschen warf es ein wenig durcheinander. Wie ein hoch bepackter Esel mit weit sichtbarer Menschenfülle und Gepäcklast konnte Susewind gerade noch voran kriechen."* Auszug aus: Des „ollen" Susewinds letzte Fahrt, Norddeutscher Leuchtturm Nr. 137; 22/23.10.1955

Die Fahrten von Otto Möllers „Möwe" begannen frühmorgens in Born und hatten direkten Anschluss an den Stralsunder Zugverkehr. Der vorwiegend im Sommer eingesetzte Gepäckwagen wurde sein Markenzeichen.

Bei anfänglich schwierigen Straßenverhältnissen baute der volkseigene Betrieb, dem zugleich der Güterverkehr oblag, sein Verkehrsnetz weiter aus. Am 1.01.1956 wurde mit der Linie Born-Ribnitz auch die östliche Seite der Halbinsel durch den *VEB-Kraftverkehr* erschlossen. Im Frühjahr 1958 wurde in Barth eine Nebenstelle aufgebaut. Von dort fuhr ein eigens als Gepäckwagen eingerichteter Bus, der so genannte *Maikäfer*, die Koffer der Urlauber des Freien Deutschen Gewerkschaftsbundes (FDGB) über die Badeorte bis nach Born. Diese Urlaubsreisen waren gut organisiert. Wegen der mangelnden Transportmöglichkeiten wurden in den Urlauberorten Gepäcksammelstellen eingerichtet. Dorthin lieferten die Bahnspeditionen des Kraftverkehrs alles, was der Urlauber bei Reiseantritt der Bahn oder später dem Gütertransport übergab. Mit seinem Handgepäck am Ziel angekommen, konnte nun hier der Gast vom Koffer bis zum Fahrrad alles wieder abholen. Oft galt die erste Frage an den Vermieter der Richtung zur Sammelstelle, dessen Öffnungszeiten nicht selten Anlass zur Kritik gaben. Dort angekommen erwarteten einen schon die einheimischen Kutscher, die auf eine Mark nebenbei hofften. Waren diese mit ihrer Fracht um die Ecke, freuten sich die Kinder des Ortes, welche dann schnell, mit einem Handwagen ausgerüstet, zur Stelle waren.

Die rollende „Heimat" des Barther Busunternehmers Heinz Schütt war der erste Linienbus auf den Straßen Barth, Zingst und Prerow nach dem Zweiten Weltkrieg.

„Habicht" mit Holzvergaser.

„Roter Falke“ feuerrot mit weißem Dach.

Stralsund-Barth-Zingst - auf dieser Linie setzte Willi Borgwardt seinen „Bussard“ ein.

Kurzer Zwischenstop an der Haltestelle in der Prerower Hafenstraße.

Der „Adler" - wenn die Technik versagte halfen die Fahrgäste mit vereinten Kräften nach.

Die „Möwe" von Erich Goldenbogen unterhielt die Linie Ribnitz-Dierhagen-Ostseebad Ribnitz (heute Dierhagen Ost). Endstation war vor dem Cafe Haifisch.

Ende und Ausgangspunkt seiner Fahrt. Der „Fischland-Express" vor dem Bahnhof Ribnitz.

Der „Fischland-Express“ mit zweiachsigem Anhänger auf der Fischlandchaussee in Dierhagen.

„Fischland-Express“ an der Endhaltestelle am östlichen Ortsausgang von Ahrenshoop, wo sich auch die Kraftwagenhalle der Firma Johannsen befand.

Der „Dünenstrolch" auf dem Betriebshof von Ewald Johannsen in Ribnitz. Er war ebenfalls für die Fischland-Linie vorgesehen, kam aber wegen der Gründung des VEB-Kraftverkehr nicht mehr zum Einsatz.

Ein Linienbus mit Personenanhänger des VEB-Kraftverkehr verlässt das Fischland.

An der neuen Wiecker Bushaltestelle hält ein Linienbus, der den direkten Anschluss an den 1957 eröffneten Ostseeflughafen Barth vermittelte. Die Einführung der Buslinie erwies sich als gelungenes Konzept. Die Fluggäste aus Berlin, Dresden, Leipzig und Erfurt des wurden direkt weiter in die umliegenden Großstädte, auf die Insel Rügen sowie auf Zingst und Darß befördert.

Aller Anfang ist schwer - Ein Gütertransport des neu gegründeten VEB-Kraftverkehr steckt Mitte der 1950er Jahre in einem Prerower Schlammloch fest.

H6-B mit Anhänger und Gepäckträger.

Zwei langjährige Kraftfahrer des VEB-Kraftverkehr. Die beiden Wiecker Kollegen Siegfried Quissek und Peter Schlicht vor ihren Linienbussen der Marke „Ikarus".

Peter Schlicht, der erste Busfahrer auf dem Darß vor einem „Ikarus 601“ während einer Sonderfahrt für das Reisebüro.

Ein auffälliges Gespann war dieser Sattelschlepper. Zu dieser bemerkenswerten Sonderanfertigung, die für die Personenbeförderung zugelassen war, kam der VEB-Kraftverkehr durch einen Fahrzeugtausch mit der Wismut.

Eine Verbindungsstraße von Ahrenshoop nach Born

Seit Mitte der 1950er Jahre gewann das Bäderwesen an der Ostseeküste wieder zunehmend an Bedeutung. Während das Fischland relativ bequem über die Betonchaussee zu erreichen war, stellte der Aufschwung die Ostseebäder Zingst und Prerow zunehmend vor ein Problem: Die mittlerweile in die Jahre gekommene Meiningenbrücke war in technisch sehr schlechtem Zustand. Das kaiserliche Bauwerk, das 1910 zusammen mit der Bahnstrecke Barth-Prerow eingeweiht worden war, besaß bislang keinen Straßenbelag. Alle Fahrzeuge, die auf den östlichen Teil der Halbinsel gelangten, polterten über die schmale, mit Holzbohlen ausgelegte Drehbrücke. Die für den Schiffsverkehr notwendigen Öffnungen führten immer wieder zu Betriebsstörungen. Die Folgen einer dauerhaften Havarie in den Sommermonaten ließen sich erahnen.
Weil Darß und Zingst dringend eine zuverlässige Straßenanbindung brauchten, wurden Gespräche über eine Verlängerung der Fischlandchaussee bis nach Ahrenshoop geführt. Anschließend, so schlugen die Verkehrsplaner vor, sollte diese mit der bestehenden Darßchaussee zusammengeführt werden. Bislang mussten die Borner Einwohner auf ihrem Weg in die neue Kreisstadt Ribnitz-Damgarten den beinahe sechzig Kilometer langen Umweg über Barth zurücklegen, während eine Verbindung über das Fischland gerade mal die Hälfte dieser Strecke einnahm. Doch die Fahrt auf dem Waldweg Born-Ahrenshoop war ein Abenteuer und im Schlamm festgefahrene oder beschädigte Autos keine Seltenheit. Vorspanndienste bei den oft hilflosen und daher zahlungsfreudigen Fahrzeugführern waren bei den Bewohnern beider anliegender Ortschaften sehr willkommen.
„Instandsetzung des Landweges von Niehagen nach Ahrenshoop“ hieß das Thema einer im April 1955 in Ahrenshoop einberufenen Gemeindeversammlung. Dabei kündigte ein Referent der Abteilung Verkehr des Rates des Bezirkes Rostock den Baubeginn der Straße Niehagen-Born für das darauf folgende Jahr an.

Im Frühjahr 1956 war es dann soweit. Wie angekündigt, nahmen die Arbeiten in Niehagen ihren Anfang. In Anbindung an die Fischlandchaussee begann der *VEB-Straßenbau* Greifswald mit dem Bau einer Betonstraße ins benachbarte Ahrenshoop. An der Ecke *Dorfstraße - Paetowweg* kamen die Arbeiten vorerst zum Stillstand, und Ahrenshoop hatte nun mit fast 30 Jahren Verspätung endlich seinen Anschluss an die Fischlandchaussee.

Weil der vorgelegte Entwurf der Betonchaussee Ahrenshoop-Born durch den Darßwald verlaufen sollte, entbrannte eine heftige Debatte. Naturschützer, Einwohner und interessierte Auswärtige protestierten energisch gegen eine Zerteilung des Waldgebietes und den von einer Durchgangsstraße ausgehenden Lärm. Eine im September 1956 durchgeführte Beratung stieß in der Öffentlichkeit auf großes Interesse. In Anwesenheit der Ahrenshooper und

Dorfstraße in Ahrenshoop.

Borner Gemeindevertretungen sowie zahlreicher Gäste wurde das Projekt ausgiebig erläutert. Die Vorstände beider benachbarter Orte sprachen sich zwar grundsätzlich für eine Chaussee aus. Ahrenshoop unterbreitete den Vorschlag, die Straße an das südlich vom Wald gelegene Boddenufer, die so genannte Werre, zu verlegen. Naturschützer zweifelten die wirtschaftliche Notwendigkeit des Projektes generell an und äußerten ihre größten Bedenken an der geplanten Linienführung durch den Darßwald. Sie plädierten auch dafür, die neue Straße lieber im Bereich des Boddenufers entlangzuführen. Grundsätzlich aber vertraten sie die Ansicht, nur eine neue, den Anforderungen entsprechende Meiningenbrücke zu bauen. Weil die vorgeschlagene Alternative durch die Werre erhebliche Mehrkosten verlangte, wurde kurzerhand ein Ausbau des bestehenden Waldweges nach Born beschlossen. Die beteiligten Orte mussten sich fügen.

Dem Projekt nach begann die Weiterführung westlich des Ahrenshooper Kurhauses, entlang der Küste parallel zu dem ebenfalls im Bau befindlichen Seedeich. Vom Vordarß ging es durch den Wald über Drei Eichen, den Ibenhorster Bruch und den Kleinen Stern nach Born. Trotz großer Bemühungen der Straßenbaugegner konnte eine am 24.06.1957 in Kraft getretene Verordnung, die den Darß offiziell zum Naturschutzgebiet der DDR erklärte, das angelaufene Projekt nicht mehr stoppen.

Die Bauplanung umfasste zwei Abschnitte. Der erste Abschnitt führte von Ahrenshoop bis zum Eingang des Waldes, der zweite umfasste den restlichen Teil bis Born. Begonnen wurde in Ahrenshoop an der kurz zuvor fertig gestellten Chaussee Richtung Niehagen. Die Baustoffe wurden zum größten Teil über Ribnitz angefahren. Vor Ort wurden Mischplätze für Beton sowie ein Wohnlager für Arbeiter eingerichtet. Wegen der geringen Straßenbreite erfolgte eine Außeneinfassung der Fahrbahn mit jeweils einer Doppelreihe Kupferschlackesteinen. Diese hoben sich wegen ihrer dunklen Farbe gut vom hellen Beton ab und gaben der Straße zusätzlich eine Führung.

Der sumpfige Boden brachte der Baufirma endlos scheinende Schwierigkeiten; bei Ibenhorst sprengten sie den Moorgrund und erreichten

Bei Ibenhorst wurde ein Abschnitt der Verbindungsstraße Born-Ahrenshoop wegen des morastigen Untergrundes gepflastert.

dabei eindrucksvolle Tiefen. Dieser Straßenabschnitt wurde wegen seines ungeeigneten Baugrundes mit Granitsteinen gepflastert.Die Kosten stiegen auf 360.000 Mark pro Kilometer, und der zu Beginn vorgesehene Endtermin, den der Rat des Bezirkes anfangs noch für das Jahr 1957 vorsah, musste einige Male verschoben werden. Zahlreiche Eigenheimbauer der Umgebung störte dies weniger. Damals herrschte allgemeiner Zementmangel, und während der langen Bauphase war mit manchem Straßenbauer ein gutes Geschäft zu machen. Ende Mai 1959 waren die Arbeiten zum größten Teil abgeschlossen, und die neue Straße konnte erfolgreich abgenommen werden. Am Sonntagvormittag, dem 7. Juni, folgte die feierliche Übergabe der Fischland-Darß Chaussee. Auf der neu angelegten Kreuzung vor dem Borner Restaurant Waldschenke, wo sich die Anbindung der Chausseestraße befand, versammelten sich zahlreiche Gäste, darunter Vertreter des damaligen Rates des Kreises, des ausführenden Baubetriebes und der Verkehrspolizei. Nach einer feierlichen Ansprache durchschnitt einer der Redner das Sperrband, und der erste

Tiefbauarbeiten vor dem Baubeginn der Betonstraße Ahrenshoop-Born.

LKW durfte unter der Girlande hindurchfahren. Mit der Freigabe dieses letzten Teilstückes war erstmals eine durchgehende Straßenverbindung über die gesamte Halbinsel geschaffen. Nach 80 Jahren Straßenbau in mehreren großen und kleinen Abschnitten hatte sich der nördliche Kreis zwischen Ribnitz und Barth endgültig geschlossen. Der Fahrzeugverkehr auf die Halbinsel Fischland-Darß-Zingst verlief nun größtenteils über Ribnitz-Damgarten und der Bereich Meiningenbrücke wurde, wenn auch nur vorübergehend, erheblich entlastet. Allerdings riet die Benutzung der 8,4 Kilometer langen und nur 5,00 Meter breiten Chaussee zu besonderer Vorsicht: *„Die neben der Betonbahn von 4,35 m links und rechts eingesetzten Pflastersteine sind, bedingt durch den sandigen Untergrund, noch nicht richtig fest gelagert, und es besteht die Gefahr, daß, wenn ein Kraftfahrzeug in großer Geschwindigkeit bei Gegenverkehr zu scharf auf die rechte Fahrbahnseite gerät, es zu einem Unfall kommen kann."* Ostsee Zeitung Nr. 131; 6./7.06.1959 Die Höchstgeschwindigkeit war anfänglich auf 60 km/h festgesetzt. Die geringe Breite wurde bei der Festlegung der zum Bau benötigten finanziellen Mittel als ausreichend angesehen, jedoch behielt man sich schon damals eine spätere Verbreiterung auf 6,00 Meter vor. Nach jahrzehntelangem Warten auf diese für die Infrastruktur bedeutsame Straße konnte das Projekt erst nach Aufhebung der mecklenburgisch-pommerschen Grenze verwirklicht werden. Von nun an war der Weg für die Werktätigen der DDR in das Urlauberzentrum Fischland-Darß-Zingst vollständig geebnet. Der VEB Kraftverkehr nahm seine Fahrten entlang der Bäderstraße auf; später entstand daraus die Linie 210. Die Dauer einer Busfahrt von Barth über die Halbinsel nach Ribnitz betrug damals zwei Stunden. Neben den vielen Hoffnungen, welche diese Straße erfüllte, traten auch die Voraussagen der Naturschützer ein. Eine große Anzahl von Wildunfällen im Bereich des Darßwaldes und die anhaltende Lärmbelästigung in den Sommermonaten machen den anliegenden Orten bis heute schwer zu schaffen. Für die Ostseebäder Wustrow, Ahrenshoop und Prerow erließ die Volkspolizei ab der Saison 1959 ein allgemeines Hupverbot für Kraftfahrzeuge. Das geltende amtliche Verkehrzeichen wurde an allen Ortseingangsschildern angebracht.

Freigabe der Chaussee Born-Ahrenshoop vor dem Borner Restaurant „Waldschenke" am 7.06.1959.

Die neue Borner Ortseinfahrt.

Waldkreuzung „Kleiner Stern“ in Richtung Ahrenshoop.

S-Kurve zwischen Born und Ibenhorst.

Ansicht vom Parkplatz „Drei Eichen“ in Richtung Born.

Blick vom neuen Seedeich auf dem Vordarß nach „Drei Eichen“.

Freie Fahrt durch den Darßer Wald.

Die Pontonbrücke - Ein schwimmendes Provisorium

Wegen des dauernd ansteigenden Durchgangsverkehrs entstanden bis 1980 im Einzugsbereich der Halbinsel zahlreiche Umgehungsstraßen. Eine von Altheide über Klockenhagen nach Körkwitz-Hof, eine andere westlich von Dändorf und Dierhagen sowie jeweils eine um Born, Wieck, Prerow und Zingst. Für die Entlastung der Ortsdurchfahrt Zingst erfolgte ein großzügiger Ausbau des alten Postweges im Freesenbruch. Den größten Anteil bei diesen Projekten leistete das *Volkseigene Gut Zingst* (VEG). Alle Umgehungsstraßen liegen deutlich über dem Gelände, daher mussten beachtliche Sandmassen bewegt werden. Bei der Verbreiterung des Prerower Brückendammes 1978 erhielt der Hafen zusätzlich noch eine Spundwand. 1974 stellten Verkehrsplaner der Bezirksdirektion für Straßenwesen auf der Ostseemesse in Rostock-Schutow das Modell einer neuen, zweispurigen Meiningenbrücke vor. Ihre Gesamtlänge sollte 600 Meter und die Durchfahrtshöhe 14 Meter über dem Wasser betragen. An den Seiten sollten Rad- und Gehwege verlaufen. Dieses Vorhaben war zur damaligen Zeit wirtschaftlich nicht durchsetzbar. Der bauliche Zustand der Meiningenbrücke hatte sich währenddessen weiter verschlechtert. Weil die Rekonstruktionsmaßnahmen wegen ihres Umfangs nur bei eingestelltem Fahrzeugverkehr durchgeführt werden konnten, einigten sich die Beteiligten auf den Bau einer provisorischen Behelfsbrücke. Diese Aufgaben übernahmen im Frühjahr 1980 Pioniere der Nationalen Volksarmee in Gemeinschaftsarbeit mit verschiedenen Betrieben, darunter auch dem VEG Zingst. Der NVA-Truppenteil *Bruno Schramm*, zusammengesetzt aus Eisenbahnbau-Pionieren und zahlreichen Reservisten, leistete die Arbeit im Rahmen einer Übung ab. In einer Bauzeit von 15 Tagen entstand auf der Westseite der bestehenden Stromquerung die so genannte Pontonbrücke. Auf der Festlandseite musste ein Damm aufgeschüttet werden, für den rund 25.000 Kubikmeter Boden angefahren wurde. Für die 105 Meter lange Behelfsbrücke rammte man über 200 Pfähle in den Grund des

Meiningenstroms. Daran schloss sich eine Schwimmbrücke mit einer Gesamtlänge von 135 Metern an, die aus drei Pontons bestand. Diese konnten während der Öffnungszeiten der Meiningenbrücke mit Hilfe eines Stahlseiles nach Westen umgeschwenkt werden. Am 15.05.1980, 11.00 Uhr, erfolgte die Übergabe mit militärischem Zeremoniell. Nach Abschluss der Restarbeiten wurde der öffentliche Straßenverkehr über die einspurige Pontonbrücke geleitet. Als die Rekonstruktion beendet war, blieb das bis dahin lediglich als Übergangslösung gedachte Bauwerk bestehen. Bis heute wird der Saisonverkehr in Richtung Festland über die Pontonbrücke geleitet und viele tausend Fahrzeugführer kommen täglich in den zweifelhaften Genuss, für einen kurzen Moment auf dem Wasser des Meiningenstroms zu schwimmen.

Der alte Postweg von Prerow zur Bresewitzer Fähre führte durch das Freesenbruch.
Heute verläuft hier die Umgehungsstraße Zingst.

Der Anstieg des Urlauberverkehrs, wie hier in Wieck, führte zum Bau zahlreicher Umgehungsstraßen.

Der Bau der Prerower Umgehungsstraße 1978 veränderte das Erscheinungsbild des Stromhafens.

Die Meiningenbrücke von 1910 mit Holzbohlenbelag,

Die alte Eisenbahnbrücke über den Meiningenstrom ist seit vielen Jahrzehnten
das Nadelöhr zwischen Darß-Zingst und dem Festland.

Die schwimmende Behelfsbrücke im Bau.

Militärisches Zeremoniell am 15.05.1980.

Schlepper „Grabow“ unterstützt das Einschwenken der Pontons.

Probefahrt mit schwerem Gerät.

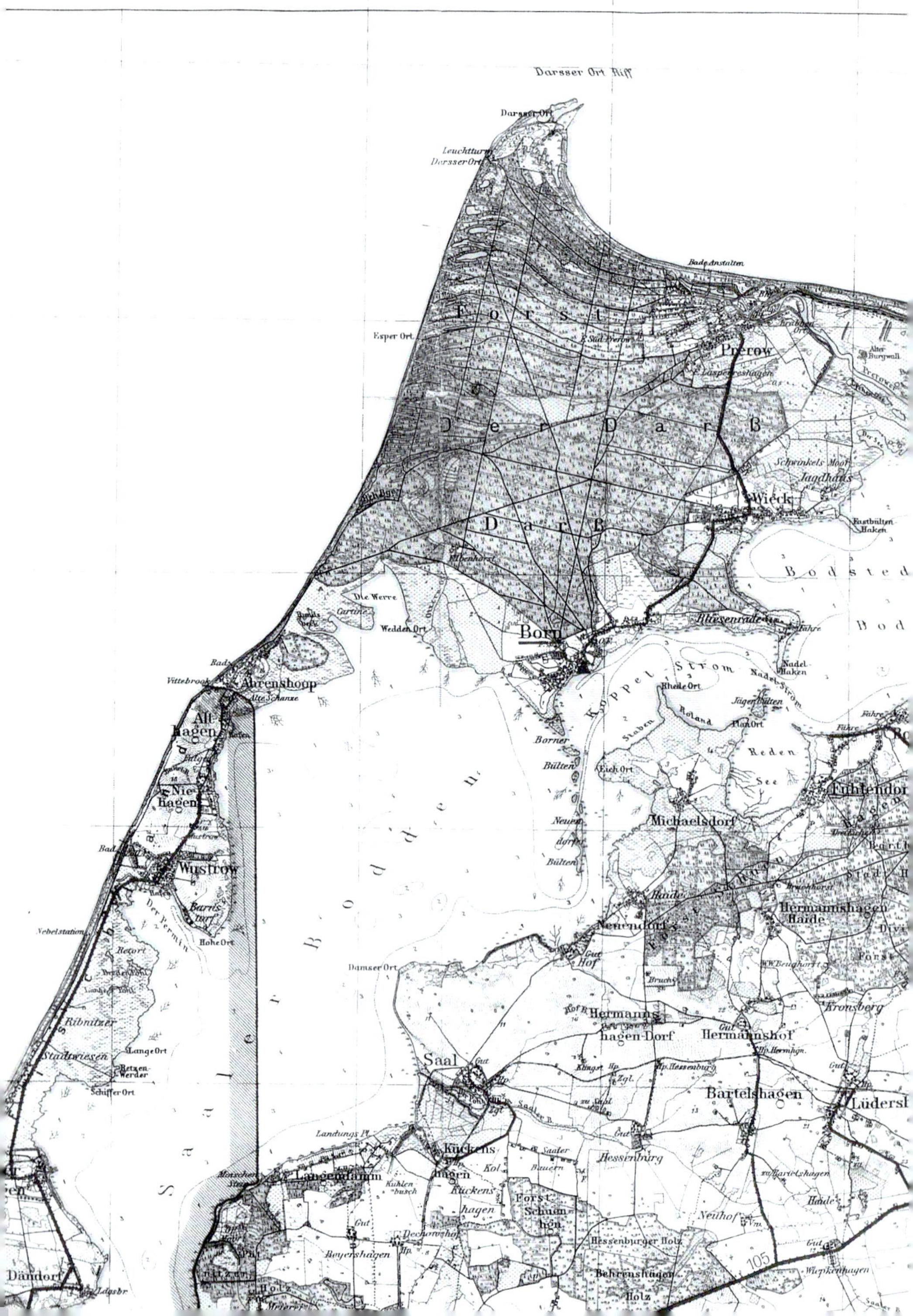
Darsser Ort Riff
Darsser Ort
Leuchtturm Darsser Ort
Bade Anstalten
Esper Ort
Forst
Prerow
Der Darß
Schwinkels Moor
Jagdhaus
Wieck
Darß
Bodsted
Die Werre
Born
Wedden Ort
Ahrenshoop
Vittebrook
Alte Schanze
Alt Hagen
Nie Hagen
Wustrow
Koppel Strom
Rhede Ort
Roland
Jäger Bülten
Reden See
Borner Bülten
Eich Ort
Neuendorfer Bülten
Michaelsdorf
Fuhlendorf
Der Permin
Barnstorf
Hohe Ort
Nebelstation
Ribnitzer Stadtwiesen
Lange Ort
Schiffer Ort
Neuendorf
Hermannshagen Haide
Damser Ort
Hermannshagen-Dorf
Hermannshof
Kronsberg
Saal
Bartelshagen
Lüdersh
Saaler Bodden
Landungs Pl.
Kückenshagen
Langendamm
Hessenburg
Forst Schuenhgn.
Neuhof
Hessenburger Holz
Behrenshagen Holz
Beyershagen
Dechowshof
Dändorf
Wiepkenhagen
105

Kraftwagenkarte des Deutschen Reiches 1936

Quellen und Literatur

Autor / Herausgeber	Titel	Ort	Jahr
Autorenkollektiv	Festschrift 700/725 Jahre Ribnitz-Damgarten	Ribnitz	1958
Busch, Emil-Rudolf	Chronik der Familie Busch (Manuskript)	Heidelberg	1927
Bülow, Wilhelm	Chronik der Stadt Barth	Barth	1922
Festschrift	700 Jahre Ribnitz in Mecklenburg	Ribnitz	1933
Gertz, Rudolf	Aufzeichnungen und Manuskripte	Müggenburg	versch. Jahrg.
Günther, Dr. Franz	Der Darss	Leipzig/Jena	1957
Hinstorff Verlag Rostock	Mecklenburgische Monatshefte	Rostock	1926
Karge, Wolf (Hrsg.)	Wege übers (Bundes-) Land M-V Band II	Schwerin	2004
Knopf, Volker	Hermann Görings Jagdhaus Darß	Prerow	2005
Krambeer, Karl	Stadt Rib. in Vergangenheit u. Gegenwart	Ribnitz	1938
Kreistagsprotokolle	Bericht über den Stand der Kreis-Communal-Angelegenheiten	1891-1914 Franzburg	1915
Kühl, Paul	Geschichte d. Stadt u. d. Klosters Ribnitz	Neubrandenburg	1933
Miethe, Käthe	Das Fischland	Rostock	1949
Provinzialregierung Stralsund	Handbuch für Neu-Vorpommern	Stralsund	1886
Peters, C. J. F. ; Lange, H.	Das Land Swante Wustrow oder das Fischland (3. Aufl.)	Ribnitz	1926
Peters, C. J. F. ; Lange, H.	Das Land Swante Wustrow oder das Fischland (4. Aufl.)	Ribnitz	1934
Verband Deut. Ostseebäder	Führer durch die Badeorte des VDO	Stettin	1913
Verkehrsverein Ribnitz	Ribnitz und Umgebung	Ribnitz	1913
Verkehrsverein Wieck	Wieck auf Darß	Stralsund	1936/37
Verlag Fischer & Schmidt	Unser Pommerland, Der Darß	Stettin	1926
Wehrs, August von	Der Darß und der Zingst, ein Beitrag zur Kenntniß von Neuvorpommern	Hannover	1819

Amtsblätter und Zeitungen

Amtsblatt der Königlichen Regierung zu Stralsund

Barther Wochenblatt / Barther Tageblatt / Barther Zeitung

Mecklenburgische Monatshefte

Norddeutscher Leuchtturm

Ostsee Zeitung

Regierungsblatt für das Großherzogthum Mecklenburg-Schwerin

Rostocker Anzeiger

Stadt und Landbote für Ribnitz und Umgebung

Stralsunder Tageblatt / Stralsundische Zeitung

Unsere Heimat, Beilage zur Barther Zeitung

Volksarmee Nr. 21; Jhg. 1980

Abbildungsnachweis

Archiv Eschenburg, Warnemünde; Darß-Museum Prerow; Forst- und Jagdmuseum Born; Darß Verlag; Heimatmuseum Zingst; Regionalarchiv F-D-Z Ahrenshoop; Stadtarchiv Barth; Abb. Seite 123 aus: Rössing/Winkler „Darß/Fischland" Leipzig 1963; Abb. Seite 125 aus: Hermann Glander „Ahrenshoop" Schwerin 1963; Abb. Seite 133 oben aus: Herbert Kasten „Der Darss-Urwaldland zwischen Meer und Bodden" Radebeul 1954

Archivnachweis

Archiv der Hansestadt Rostock; Archiv der Hansestadt Stralsund; Darß-Museum; Prerow Heimatmuseum Graal-Müritz; Kreisarchiv Landkreis Nordvorpommern, Außenstelle Ribnitz-Damgarten; Regionalarchiv Fischland-Darß-Zingst, Ahrenshoop; Stadtarchiv Barth; Stadtarchiv Ribnitz; Vorpommersches Landesarchiv Greifswald

Danksagung

Viele Zeitdokumente aus den Archiven sind erst durch persönliche Schilderungen von Zeitzeugen oder deren Angehörige aufgewertet und anschaulich geworden. Aus diesem Grund danke ich all denen, die meine Arbeit mit Interesse verfolgt haben, bei offenen Fragen nach einer Antwort suchten, mir bereitwillig Material zur Verfügung stellten oder das Manuskript kritisch durchgelesen haben: Sylvia Buch, Pruchten; Marion Bock, Wieck; Gretchen Scharmberg, Prerow; Christel Goldenbogen, Charlotte Praefke, Ribnitz-Damgarten; Helga Schmidt, Neuendorf Heide; Heike Erdmann, Born; Gunther Lübbe, Wustrow; Jens Lochmann, Althagen; Gertrud Wegscheider, Ahrenshoop; Holger Becker, Ernst Meyer, Born; Christoph Nehring, Siegfried Johannsen, Dierhagen; Siegfried Quissek, Helmut Burow, Wieck; Jörg Pagel, Jürgen Grabs, Klaus Hellwich, Prerow; Otto Möller, Hans Finger, Stralsund; Volker Schmidt, Graal-Müritz; Wolfhard Eschenburg, Warnemünde; Dr. Wolf Karge, Schwerin; Volker Knopf, Endingen; Wolfgang Eggert, Karl-Heinz Tandel, Christian Krull, Herbert Krüger, Zingst; Familie Hennecke, Dreieich; Jürgen Peters, Barth.

Mein ganz besonderer Dank für das entgegengebrachte Vertrauen, die Unterstützung und die gute Zusammenarbeit gilt den Mitarbeitern folgender Archive und Museen: Darß-Museum Prerow, Frau Antje Hückstädt, Frau Doris Pagel; Forst- und Jagdmuseum Ferdinand von Raesfeld in Born, Frau Nicola Nibisch, Herr Gerd Karrasch; Heimatmuseum Zingst, Frau Thea Börner, Herr Alfred Leiding; Regionalarchiv Fischland-Darß-Zingst in Ahrenshoop, Frau Birgit Barth; Stadtarchiv Barth, Frau Stefanie Mählmann, Herr Arnim Thieme; Stadtarchiv Ribnitz, Frau Ursula Fehling.

Anregungen zum Inhalt und Hinweise zu Bildmaterial nehme ich gern entgegen.

Zum Autor

B. Goltings, geb. 1973 in Barth, wohnt in Prerow auf dem Darß und ist von Beruf Rettungsassistent. Zahlreiche Beiträge und Veröffentlichungen zur Heimatgeschichte. Seit 1999 umfangreiche Archivrecherchen über Verkehrsverbindungen in der ehemaligen Grenzregion zwischen Rostock und Stralsund. Seinen Vorträgen über die Geschichte der Eisenbahn-, Land- und Wasserwege der Region Fischland-Darß-Zingst folgte 2005 die Herausgabe einer eigenen Schriftenreihe. Vorstandsmitglied im Verein zur Förderung der Heimatpflege und des Darßmuseums e.V.